장자를 알면 백년을 행복하게 산다

莊子 人生論

정재원 엮음

문지사

莊子人生論

—장자를 알면 백년을 행복하게 산다

차 례

莊子人生論

莊子人生論

莊子人生論

장자莊子에 대하여

장자가 중국 상대의 대사상가였다는 사실은 일반에게 널리 알려져 있으나 그에 대한 실전實傳은 전혀 알 수가 없고, 또한 그가 저술했다는 것들도 「내편內篇」 7편을 빼고는 누구의 손에 의해 씌어졌는가도 분명치 않다.

그 내용에 대해서 장자 스스로 말하고 있듯이 우언寓言·중언重言·치언巵言이 도처에서 발견되어 얼핏 보기에는 황당무계한 느낌이 없지도 않지만, 그러나 곰곰히 생각해 보면 그 안에 철리哲理도 있고 사상도 있으며, 관찰도 있고 풍자도 곁들여 있어서 흥미진진하기 이를 데 없다.

특히 문장에 있어서는 광대하기가 바다와 같고 변환變幻하는 것이 용과 같아서 과연 송대宋代의 문호 소동파蘇東坡로 하여금 천하의 기문奇文이라고 절찬케한 가치는 충분히 있다고 생각된다.

「외편外篇」·「잡편雜篇」은 후세 사람들의 가필도 많았겠지만, 그들 역시도 장자를 자처하던 사람들이다. 시대도 이미 옛날 일이므로 이 사람들까지 통틀어 장자로 보고 이 책을 엮었다. 더 자세한 것은 오직 독자 여러분의 연구에 의존할 따름이다.

장자의 생애

| 그의 선배인 노자와 공자 |

『장자』를 읽다보면 여러 가지로 재미 있는 이야기가 많이 나오는데, 도대체 장자는 언제쯤의 사람이며, 어느 나라 사람인가. 과연 그는 무엇을 배우고 생각한 사람이었을까 하는 의문이 생긴다. 그러므로 그의 선배인 공자孔子와 노자老子를 살펴볼 필요가 있다.

공자는 이름을 구丘라 하고, 노자의 이름은 이耳다.

옛날 사람들은 이름을 짓는 데 몸의 모양이나 다른 뭔가의 인연으로 짓는 경우가 많았다. 그래서 공자는 태어날 때 머리 모양이 울퉁불퉁 산 모양을 하고 있다고 해서 언덕 구丘자를 쓰게 되었다 한다.

혹은 니산尼山이라는 산의 산신령께 빌어 태어났다 하여 '구'라는 이름을 지었다는 설도 있다. 이에 대해 노자는 태어날 때 귀가 매우 특별나서 귀 이耳자를 이름으로 지었다고 한다. 원래 자字는 이름과 관련이 있는 문자를 쓰는 것이 보통이어서 이름을 '구'라 한 공자는 자를 중니仲尼라고 했다. 공자가 태어난 고향 근방에 니산尼山이라는 산이 있었기 때문이다.

한편 이름을 '이'라 한 노자는 자를 담聃이라고 지었다.

담은 '귓밥 없는 담'자로서 귀가 축 늘어져서 윤곽이 뚜렷하지 않는 귀 모양을 말한다. 물론 『사기史記』에는 노자의 자가 백양伯陽으로 되어 있는데, 이는 잘못이며 연문衍文으로 봐야 옳을 것 같다. 한편 두 성인들의 시대는 어떠했던가?

공자는 노魯 나라 양공 21년(기원전 552)에 태어나 애공 15년(기원전 479)에 죽었으므로, 그의 이름과 자에 대해서는 확실히 입증된다. 그러니까 84세의 생애다. 이에 대해 노자 쪽은 일체 그 연대를 알 수가 없다. 『사기』에 기록된 걸 보면 공자가 34~35세 때 주周 나라 서울 낙양에 유학하여 예禮에 대해서 노자에게 물었다고 했으므로 공자의 선배로 되어 있다.

게다가 그는 공자를 어린애로 취급하여,

"그대의 교기|驕氣 : 오만한 생각|와 다욕과 태색|態色 : 속된 태도|과 음지|淫志 : 음탕한 생각|를 버리라. 이것들은 모두 그대 몸에 해롭다."

라고 꾸짖고 있으므로 상당히 나이 차이가 나는 선배가 되는 걸로 기록되어 있다.

또한 같은 『사기』에 노자의 자손에 대한 전기가 씌어 있는데, 아들은 종宗이라는 사람으로 위魏 나라 장군이다. 그리고 7대손에 가假라는 사람이 있어서 한漢 나라 효문제 밑에서 벼슬을 했다는 기록이 나타나 있다.

이러한 자손들의 연대로부터 역산해 보면 노자는 오히려 공자보다 후대 사람이 되는 모순이 있으므로 분명치 않다.

특히 만년에는 서쪽 나라로 가서 산관散關인지 함곡관函谷關인지는 분명치 않지만, 그곳 관지기를 위해 『오천자문五千字文』이라는 책을 쓰고, 거기서 다시 서쪽으로 갔으나 그 끝나는 곳은 알 수가 없다는 기록도 있다.

어떤 책에는 서역천축|西域天竺 : 인도|으로 갔다고도 쓰여 있지만, 하여튼 운연표묘|雲煙縹渺 : 구름이나 연기처럼 아득함|할뿐 알 수가 없다. 그래서 노자라는 사람은 실재 인물이 아니라는 억설도 나올 법한 상태다. 그러나 여러 가지 『사서史書』에 공자의 선배로서 이 두 성인이 만나는 이야기 등이 수도 없이 기술되어 있으므로 현재로서는 이 설에 따를 수밖에 없다.

그런데 필자가 왜 이 두 성인에 대한 이야기를 하는가 하면 장자가 때때로 이 두 성인에 대해 말하고 있기 때문이다. 『사기』 같은 데서는 '그 학學은 노자에 바탕을 두고 공자의 무리들을 비방한다.'라고 말하고 있는데, 자세히 검토해 보면 공자의 가르침을 충분히 익힌 사람 같기도 하고 수양은 유학이나 기분만은 노자풍인 사람인지도 모른다. 이 점을 유념해 두는 것이 앞으로 장자의 말을 음미하는데 다소의 이익이 되지 않을까 해서 미리 일러두는 바다.

| 맹자와 장자 |

그러면 다소 객관적으로 장자의 연대를 살펴보기로 한다. 『사기』에 따르면 장자는 양梁 나라 경왕과 제齊 나라 선왕과 같은 시대의 사람이라고 한다. 선왕과 장자와의 대화는 『장자』 편에서도 많이 나온다. 또 초楚 나라 위왕의 초대를 받기도 했다는 기록으로 미루어 보아 이들 대화를 통한 연대로 추측해 보면 대략 공자의 학學을 익힌 맹자와 거의 같은 시대의 인물이라고 생각할 수 있다.

맹자는 공자의 손자 자사子思의 문인이 되어 학문을 배웠다. 성선설性善說을 주장하고 왕도王道를 주장하여 공자의 학문을 널리 선양한 사람이며, 유교에서는 공자를 본따서 공맹孔孟이라고 불리우는 매우 소중한 인물이다. 그 맹자가 장자와 거의 같은 시대의 사람이라고 하니 연대도 추찰할 수 있을 것이다.

다만 이상한 것은 『장자』라는 책 속에 맹자의 이름이 전혀 나오지 않고, 또 『맹자』라는 책 속에도 장자의 이름이 보이지 않는다는 점이다. 공자의 학설을 이어받은 사람 중에 가장 웅변이 뛰어난 사람은 맹자다.

"내 어찌 변론을 즐기겠는가?" 말하고 있지만, 상당히 변론에 뛰어난 사람임은 틀림없다. 때로는 의아해 할 정도로 말이 많은 다변가이기도 하다.

이에 대해 노자의 흐름을 익힌 사람 중에서 가장 뛰어난 능변가는 장자다. 장자는 우언寓言, 중언重言, 치언卮言이라 하여 엉뚱한 말을 마구 지껄이기도 한다. 이 『장자』편에 맹자라는 이름이 전혀 나오지 않고, 『맹자』 속에서 장자에 대한 말이 일체 나오지 않는 점이 이상할 정도이다. 태어난 나라가 그렇게 멀리 떨어져 있는 것도 아닌데, 그 두 사람이 서로에 대해 일언반구도 하지 않는다는 것은 역시 시대가 약간 어긋나 있기 때문이 아닌가 한다.

여러 가지 기록으로 보아 맹자 쪽이 약간 선배같이 생각되지만, 이것 역시 추측에 불과하고 확실한 근거는 없다. 만약 이 두 사람을 한 자리에 모아 의론 문답을 하게 한다면 상당히 재미가 있을 것이라는 상상도 해 본다.

| 공맹의 출생지와 노장의 출생지 |

이들의 고향은 어디일까? 장자는 몽蒙이라는 곳의 사람으로 되어 있고, 맹자는 추현鄒縣 사람으로 되어 있다.

몽이란 오늘날의 하남성 귀덕 시이고, 추현은 오늘의 산동성 연주 시다.

그런데 이상하게도 장자가 숭앙하고 있는 노자는 초 나라 고현苦縣 사람으로, 고현이라고 하면 역시 오늘의 하남성 귀덕 시로 되어 있으며 또 맹자가 숭앙하고 있는 공자는 곡부曲阜 사람으로 오늘의 산동성 연주 시이다.

그리고 공자와 맹자의 고향, 즉 곡부와 추현은 불과 50~60리 거리에 있으며, 노자와 장자의 향리, 즉 고현과 몽현은 2백리 정도 되는 가까운 거리에 있다. 이와 같이 유교의 종사宗師인 공맹이 같은 산동땅 가까운 곳에서 태어나고, 또 다른 도교道教의 본존인 노장이 같은 하남땅 이웃에서 태어났다는 사실은 그야말로 사상계의 불가사의라고 말할 수 있다.

| 공맹사상과 노장사상 |

공맹의 가르침은 일상적인 현실생활에 맞는 착실한 가르침이며, 노장의 가르침은 방담放啖하고 이상적인, 때로는 허무적인 사상까지도 포함하고 있는 우주적인 공간이 있다. 이에 대해 사상사를 설하는 사람들 중에는 여기에 설명을 더하여 공맹은 북방 사람이어서, 그 지방 사람은 원래 실질적이고 현실적이므로 그곳에서 태어난 공맹의 가르침은 현세적인 성격을 띄고 있다고 말한다.

이에 비해 노장은 남방 사람인데, 남방 사람들은 원래 공상적이며 허무적이므로 그곳에서 태어난 노장의 사상은 허무적인 특권을 갖고 있다고 말하는데, 이 점에 대해서는 전적으로 수긍할 수 있는 이야기는 아니다.

왜냐 하면 앞에서도 말했듯이 공맹의 고향은 산동성 연주시이고 노장의 향리는 하남성 귀덕 시인데, 이 두 곳의 중심지를 직선으로 맺게 되면 아마 2천 리 안팎이 아닌가 한다. 광막한 중국 대륙에서 2~3천 리라는 차이는 결코 먼 거리는 아니다.

따라서 이만한 거리를 두고 남북사상의 구별을 평할 수는 없을 것이다.

그러므로 공맹은 북방인이기 때문에 북쪽 사람의 성격을 전했고, 노장은 남방인이었기에 남쪽 사람의 특질을 가졌다고 하는 논리는 사실상 성립될 수 없다. 다만 당시 북방지방에는 현실적인 사상이 지배적이고, 남방지방에는 허무적인 사상이 팽배해 있어서 그 사상을 공맹이 대표하고 노장이 다른 한편을 대표했다고 하면, 그 논리는 긍정해도 좋을 것 같다.

여기서 그와 같은 어려운 문제는 그만 접어두기로 하고 우선 장자에 대한 이야기와 사상을 살펴가는 것이 오히려 독자에게 흥미롭기도 할 뿐더러 앞으로 더 깊이 연구하려는 사람들에게 다소나마 도움이 되지 않을까 한다.

실은 이런 이야기를 엮어봄으로써 될 수 있는대로 많은 사람들에게 한자 문화의 재미를 맛보게 하고, 나아가서는 동양사상을 이해해 주기를 바라는 마음이 앞설 뿐이다.

| 장자의 우언 · 중언 · 치언 |

그런데 꼭 알아야 할 것은 『장자』라는 책에는 여러 가지 내용이 쓰여져 있는데, 그 책의 본문이 모두 그 자신에 의해 쓰여졌는가에 대해서는 아직도 밝혀져 있지 않다는 점이다. 또 장자가 쓴 것으로 되어 있는 편篇 속에 있는 말도 그것이 모두 진실인지의 여부도 알 수 없다.

오늘날 『장자』란 책은 33편으로 엮어져 있다. 그 내용은 「내편」이 7, 「외편」이 15, 「잡편」이 11, 모두 33편으로 나뉘어져 있다. 그런데 「내편」은 모두 내용을 알리는 제목이 붙어 있는데, 이를테면 첫 번째를 '소요유逍遙遊'라 하고, 두 번째를 '제물론齊物論', 세 번째가 '양생주養生主', 네 번째를 '인간세人間世', 다섯 번쌔를 '덕충부德充府', 여섯 번째가 '대종사大宗師', 일곱 번째가 '응제왕應帝王'으로 되어 있어서 그 내용에 따라 편마다 이름이 정해져 있다.

그러나 다음의 「잡편」과 「외편」에 '변무騈拇', '마제馬蹄', '경상초庚桑楚', '서무귀徐無鬼'라는 글뜻은 그 글의 처음에 나오는 글귀를 따서 제목으로 하였기 때문에 내용과는 깊은 관계가 없다.

그런데 옛 학자들의 설에 따르면 제목이 붙어 있는 「내편」은 대개 장자 자신이 쓴 것이며, 글의 첫 글귀를 따서 제목으로 한 「외편」과 「잡편」은 나중에 후학들이 장자가 쓴 여러 잡저雜著에서 뽑아 엮은 것으로 되어 있다.

하지만 「외편」이나 「잡편」에서도 대개 「내편」에 실린 설을 부연하여 설명한 내용이 많으므로 전혀 관계가 없다고는 말할 수 없다. 비록 장자 스스로 손을 대지 않았다 해도 그의 생각에 바탕을 두어 쓰여진 것만은 틀림없다.

여기에 나오는 '각의刻意', '선성繕性', '양왕讓王', '도척盜跖', '설검說劍', '어부漁父' 등 여러 편은 현재 그 출처가 의심스럽다 하므로 이들은 제외하기로 하고 그 외의 것을 자료로 해서 살펴가기로 한다.

이제부터의 이야기는 굳이 학문적으로만 고찰하기보다는 여러 가지 내용을 섞어가며 살펴보기로 한다.

다음은 장자가 한 말의 내용인데, 때로 그는 전혀 엉뚱하게 여겨지는 말도 했음을 지적하지 않을 수 없다.

이에 대해서는 장자 자신인지, 아니면 후세 사람들인지는 모르지만 문장을 만드는데 있어서 '우언'과 '중언', '치언'을 쓴다고 말하고·있다. 그러면서 우언은 장자가 쓴 글 중에 90퍼센트가 그렇다고 하고, 중언은 70퍼센트, 그리고 치언은 모두가 그렇다고 말하고 있다.

그렇다면 도대체 우언寓言이란 어떤 것인가? 이 글의 중심은 자기가 하고자 하는 말을 남의 입을 빌어서 말하게 하는 방법을 일컫는데, 그렇게 하는 편이 훨씬 효과적이라는 것이다. 이를테면 부모가 자녀를 결혼시키려 할때, 부모 자신이 그 자녀를 칭찬하면 믿지를 않으므로 남으로 하여금 자기 자녀를 칭찬하도록 하면 이를 믿어준다는 것이다. 이와같이 자기 말을 남의 말인 것처럼 사용하는 것이 우언이라는 것이다. 그리고 이것은 사람들이 그런 쪽을 바라기 때문에 그렇게 하더라도 죄가 아니라고 말하고 있다.

다음에는 중언重言인데, 이것 역시 우언과 비슷한 방법이다. 다만 자기를 대변해 주는 사람을 옛날의 훌륭한 사람에 맡겨 말하게 하는 방법이다. 그렇게 하면 이것은 자기 설이 아니라

옛날의 훌륭한 사람의 설이라는 점에서 의미가 더 강조되어 사람들이 믿게 된다는 것이다.

이럴 경우, 대개 공자나 노자의 말을 인용하거나 요순堯舜 등의 말을 가져 온다. 당시의 중국에는 많은 인물이 있었으므로 중언의 방법을 쓸 경우 사람을 고르는 데는 부족함이 없었다.

그 다음에는 치언卮言을 쓴다고 했다. 이것은 매우 이해하기 어려운데 간단히 요약해서 말하면 임기응변의 편리한 말을 쓴다는 것을 뜻한다. 여기서 말하는 치卮라는 글자의 뜻은 술잔을 말하는데, 술잔에 물을 부으면 차고 술을 비우면 기운다. 그러니까 일정해 있지 않다. 그래서 말의 경위가 맞지 않는, 그리고 때에 따라 듣는 사람을 즐겁게 하는 말을 한다 하여 이 '치卮'자를 쓴 것이다.

게다가 장자는 번연히 이 방법을 썼으며, 자신 스스로도 '화합하는데 천예|天倪 : 어린애|같이 하고 만연|蔓衍 : 널리 퍼짐|에 의지한다.'라고 말하고 있다.

이 말도 여간해서 이해하기 어려운 말이다. 천예는 어린아이를 가리키는데 즉, 자연 그대로라는 뜻이 되며, 만연은 널리 퍼진다는 뜻으로, 즉 끝없이 이어진다는 내용을 가지고 있다.

예를 들어 사람들에게 설할 때는 일정한 시간을 두고 쓸데없는 말을 늘어놓는 것이 좋다는 것이다. 오랫동안에 걸쳐 듣고 있는 사람이 처음에는 거부감을 갖지만 자연히 본래의 자기 모습으로 되돌아오는 것이므로 그 시기를 기다려 느긋하게 설명해 간다는 것이 치언의 본뜻이다.

대개 장자는 이런 식으로 의론를 펼치므로 어디까지가 장자의 본심이고 어디까지가 남의 말인지, 이 점을 파악하기가 어려운데 역시 서둘지 말고 만연에 의지하여 느긋하게 생각해 볼 필요가 있다.

그리고 노자와 공자를 같은 시대 사람이라고 설명한 문장 있는데, 그런 것을 역사적으로 따지는 일은 그만두기로 하고, 그러한 대화 속에서 행해지고 있는 장자의 생각을 더듬어 보는 편이 더 뜻깊은 일이 아닌가 미루어 본다.

| 백가쟁명(白家爭鳴) |

위에서 장자의 출생지와 그 시대의 이야기를 했는데, 그의 삶과 환경에 대해 좀더 다른 각도에서 살펴보기로 한다.

장자가 맹자보다 조금 뒤의 사람이라고 한다면, 전국戰國시대 중반으로 보아야 한다. 그 전국시대의 중반이란 사상계에 있어서 매우 발전한 시기이다. 학자들은 이 시대를 구류백가九流百家 시대라 하며, 중국 사상사에 있어서 가장 화려했던 시대로 보고 있다. 후세에 와서 여러 가지 사상이 중국에서도 생겼고 또 널리 세계 각 지역에서 일어나고 있는데, 그러한 사상의 새움은 모두가 이 시대에 싹트고 있었다고 보아야 한다.

이와 같은 춘추전국에 앞서 중국 대륙을 통일한 건 주周 나라인데, 이 주시대는 약 8백년 동안이나 계속되었다. 그런데 이 주 나라도 중반에 들어서는 이적夷狄의 공격을 받아 왕실의 권력, 즉 왕권이 쇠퇴하기 시작했다.

모든 시대가 다 그렇지만 하나의 통일적 권위가 쇠퇴하면 틀림없이 그 다음에는 자유사상이 대두하게 된다. 특히 왕권과 같은 최대 권력이 붕괴하면 거기에 자유사상이 발흥하는 것은 당연한 일이다.

그렇다면 이 시대에는 도대체 어떤 사상이 생겼을까? 이 또한 모든 예를 살펴보아도 알 수 있듯이 군인이 천하를 통제하려는 생각이 생겨나고 있음을 엿볼 수 있다. 그래서 당시 대국으로 불리우는 나라들은 한결같이 자기 나라의 무력을 축적하고 병마 외에 무기나 군량을 모으기에 전념하고 있었다. 이것은 천하 통일의 꿈을 나타나게 하는 계기이다. 그것이 이른바 병가兵家라는 것으로 손자孫子·라든가 오자吳子· 같은 사람이 이에 속한다. 이러한 사람들은 각자가 자기의 주장에 이론적으로 바탕을 마련하는 저술도 하고 있다.

이러한 이들이 어떤 말을 하고 있는가 하면 모두가 군대를 일으켜 10만이니 출정 천리니 하여 싸움으로 천하를 통어統御한다는 말을 하고 있다. 그러나 단순한 전쟁만으로 승패를 겨룬다고 하면 그것은 결코 하루 아침에 끝날 일은 아니다. 한쪽에서 3만의 병兵을 기른다면 적 또한 5만의 군사를 기를 것이고, 내가 5만의 군사를 갖는다면 적도 또한 10만의 군을 갖게 된다는 식으로 결국은 무武와 무가 겨루게 되고 힘과 힘이 서로 다투게 된다.

그러므로 이들이 마지막으로 생각해 낸 것이 병력을 축적하고 무력을 양성하는 것보다 오히려 간자|間者 : 간첩|를 투입하여 적의 동정을 정탐함으로써 상대의 약점을 친다는 것이었다.

오늘날까지 『손자』나 『오자』라는 병법서兵法書가 남아 있는데 특히, 『손자병법』은 세계 각국에서 널리 읽히고 있으며 군부 뿐만 아니라 실업계에서도 큰 인기를 끌고 있다. 그 내용에 「용간편用間篇」이라는 글이 쓰여 있는데, 여러 가지 간첩을 쓰는 방책이 논해져 있다.

이에 따르면 간자에는 5가지가 있는데, 하나는 향간鄕間으로서 그곳의 토박이를 이용하여 상대의 사정을 정탐하는 것이며, 다음은 내간內間이라 하여 적의 관리를 이용하여 간자로 쓴다. 셋째는 반간反間이라 하여 적의 간자를 역이용하여 자기쪽 간자로 쓰는 것이고, 이밖에 생간生間, 사간死間이라는 것도 있다 하여 각각의 용도를 나타내고 있다. 결국 적의 간자를 역이용하는 반간고육책反間苦肉策이 가장 비용이 덜 드는 바람직한 방법이라 하여 이 글의 끝부분에는,

"오간五間이 모두 완벽하여 그 길을 모르는 것이 없다. 이를 신기神紀라 하나니 인군人君의 보화이다."

라고 맺고 있다.

이와같이 병가는 끝에 가서 간자의 뒤를 치는 반간이 가장 좋은 방법이라고 맺고 있는데, 그러나 반간을 이용하는 사람이 있으면 또 문반간文反間을 이용하는 것도 있을지 모르니 이같은 사상으로 천하통일을 꾀하려는 것은 꿈속의 꿈이라 할 수 있다.

이제까지 장자에 대해 일관성 없게 이야기해 왔지만 그에게는 자기 사상의 확고한 근거가 있었음이 틀림없다. 그러면 그 근거는 무엇인가? 이는 선배인 노자가 강하게 설했던 무無사상일 것이다. 다음 기회에 노자의 무無사상에 대해 언급해 보기로 독자 여러분의 양해를 구한다.

꿈에 나비가 되다

장자莊子라고 하면 누구나 나비의 꿈을 생각한다.

어느 화창한 봄날, 장자는 양지 바른 창가의 책상 앞에 앉아 있었는데, 어느 사이엔가 꿈길을 더듬고 있었다. 그런데 잠들어 있는 동안에 그만 자신이 나비가 되어 버렸다. 그러자 어느새 그 나비는 장자 자신이 되어 버리고, 장자가 나비가 되었다는 생각은 완전히 없어졌다.

그런데 얼마동안 시간이 지나 눈을 뜨자, 그 나비는 어느 사이에 예전의 장자로 되돌아가 버렸다. 거기서 비로소 깨달은 것인데, 도대체 이건 어찌된 일인가?

장자가 나비가 된 것일까? 아니면 나비가 장자가 된 것일까? 꿈이라고 생각한 것인가, 현실일까? 현실이라고 생각한 것이 꿈이었을까? 아무래도 그 점을 알 수 없었다.

이 이야기는 옛부터 많이 알려진 내용이어서 옛 사람들은 장자의 그림 같은 모습을 대개 이와 같은 상상으로 그려내고 있다.

원래 장자는 꿈이 많은 사람이었는지 종종 꿈에 관한 이야기를 하고 있다. 꿈에 술을 마시면 그 맛이 대단히 좋다. 그래서 실컷 마시려고 큰 잔을 기울여 그 순간을 즐기고 있으려니 어느덧 아침이 되어 잠에서 깨었다.

"아뿔사! 어젯밤 술을 마시며 즐긴건 한바탕의 꿈이었구나!" 하며, 아침이 되자 대성통곡을 한다.

이에 반해 꿈에서 뭔가 슬픈 일이 있어서 울고불고 하다가 아침이 되어 눈을 뜨자, 그것이 꿈이었던 걸 알고 "이건 꿈이었구나! 다행이다. 다행이다." 하면서 곧 사냥하러 나간다.

요즘 같으면 운동을 하기 위해 공원 같은 데로 발길을 돌리는 행동과 같다.

그런 일이 있을 때마다 장자는 스스로 반성하며 인생은 꿈이라고 말한다.

인간이라고 하는 존재는 꿈을 꾸고 있는 동안은 그것이 꿈이라는 걸 모른다. 그래서 그 꿈 속에서, 또 한편 자기의 꿈의 길흉을 점치고 있다. 드디어 잠에서 깨어나자 그것이 꿈이었음을 깨닫게 되는 순간 인간 모두에게는 커다란 깨달음이 있어야 한다는 것이다. 그 깨달음이 있어야만 비로소 이 세상이 하나의 큰 꿈이라는 사실을 깨닫게 된다.

인생이 한낱 꿈이라는 깨달음이 열리게 되면, 비로소 인간은 고통에서 해방된다는 것이다.[제물론 : 齊物論]

꿈 속에서 주인을 부리는 하인

이 글은 장자의 선배라고 일컫어지는 열자[列子 : 춘추시대의 사상가]가 말한 것으로서, 어느 곳에 한 하인이 있었는데, 그는 어떤 대감집에서 새벽부터 밤늦게까지 하루 종일 고된 일로 부려지고 있었다. 잠시도 쉴틈없이 고생스런 생활을 하고 있었는데, 다행히도 그 사나이는 밤이면 꼭 꿈을 꾸었다. 그런데 그 꿈이라는 것이 자기가 꿈 속에서는 대감이 되어 밤마다 주인 대감을 하인으로 부렸다.

이렇게 되면 인간의 본질은 도대체 어느 쪽일까? 반은 현실로서 대감에 의해 고되게 부려지고 고생하고 있는 것 같지만, 그 반은 꿈 속에서 자기가 대감이 되어 반대로 그를 종으로 부려먹고 있다. 이렇게 보면 어느 쪽이 그 사람의 진짜인지 알 수가 없다.

즉 장자는 현실을 꿈으로 보고 느끼기 때문에 인생에는 고통도 없고 번민도 없이 보낼 수 있다고 생각하고 있었던 것이다.[제물론 : 齊物論]

부귀영화에 초연한 사람

인간의 삶을 일장춘몽으로 느낀 장자는 세상의 이목이나 영달에 초연했던 사람이다. 일찍이 초楚 나라 위왕이라는 임금이 장자가 지자智者라는 말을 듣고 많은 보수를 주기로 하고 예를 다 해서 그를 맞이하려 했다.

그래서 사자를 보내 간청했다.

"꼭 우리 나라에 왕림해 주시오. 선생이 오신다면 재상으로 모시고 나라의 정치를 일임하겠소."

이에 장자는 웃기만 하면서 그 사자에게 점잖게 뜻을 거절한다.

"과연 1천금이라 하면 큰 돈이오. 재상이라는 벼슬도 상당한 자리지요. 하지만 그대도 제사 때 쓰는 제수祭需를 보시오. 그 제수가 되는 소는 신 앞에 놓여지기 전에는 영양 있는 여물을 많이 먹어서 몇 년이나 잘 길러졌고 또 아름답게 치장도 했을 거요. 그것이 마침내 희생물이 되어 대묘大廟 안으로 끌려가서 도살되지 않으면 안될 때는 어떨 것 같소. 그 소는 무얼 생각하고 있을 것 같소. 어쩌면 좋은 음식을 먹지 않고 아름다운 옷을 걸치지 않더라도, 아니면 한 마리의 돼지가 되더라도 살아남는 것이 얼마나 좋을까 하고 생각할지도 모르오. 지금의 내 생각도 꼭 그와 같소. 당신 나라에서 벼슬자리에 올라 재상이 되어 큰 녹을 받는 것도 좋지만, 그 때문에 심신을 닳게 하고 평생토록 속박되는 건 싫소."[제물론 : 齊物論]

꼬리를 진흙탕 속에 묻다

또 다른 이야기가 있다. 초 나라 왕이 두 대부를 시켜 청탁을 해 왔다.

"우리 나라의 정치를 맡기겠으니 부디 내왕해 주십시오."

마침 그때 장자는 복수라는 강가에서 낚시를 즐기고 있었는데, 그 전갈을 받고 왕의 심부름을 온 대부를 향해 장자는 다음과 같이 거절했다.

"자, 당신들에게 하나의 얘기를 들려주겠소. 대묘 안에 있는 광방에 큰 거북이가 들어있소. 죽은 지 이미 3천 년이 지난 거북이었지요. 한 번쯤 그대들도 그 거북이에 대해 잘 생각해 볼 필요가 있소. 죽어서 뼈만 남았지만 귀하다 하여 존귀하게 여겨지는 것도 좋지만, 비록 진흙탕 속에 꼬리를 묻고 있을지언정 살아 있는 것이 더 낫지 않겠는가 하는 것이 내 뜻이오. 그대들은 내 말의 뜻을 잘 생각해 봐야 할 것이오. 실은 나 역시 진흙탕 속에 꼬리를 묻고 있더라도 살아 있는 것이 더 중요하지요. 그래서 왕의 뜻을 받들 수 없소."[추수 : 秋水]

솔개, 썩은 쥐를 얻다

장자에게는 혜시惠施라는 벗이 있었는데, 그는 양梁 나라 재상이 되어 크게 출세했다. 그래서 장자는 아무 스스럼없이 옛 친구를 만나 보려고 양 나라로 가서 그를 만났는데, 혜시 쪽에서는 매우 의심스러운 태도로 그를 대했다.

혜시의 한 측근이,

"이번에 대감의 옛 친구 장자가 찾아왔다고 하온데, 이는 방심할 일이 아닙니다. 어쩌면 대감의 자리를 노리는 술책인지도 모르니 부디 조심하십시오."

라고 충고를 했기 때문이다.

그래서 혜시도 갑자기 찾아온 친구가 의심쩍어 온 나라에 사람을 풀어 사흘 낮밤을 장자의 동태를 살피도록 했다. 이 소식을 듣고 장자는 쓴 웃음을 지으며 이렇게 말했다.

"허허, 가만 있거라. 내 여기서 옛 얘기 하나를 들려주련다. 옛날 저 남쪽 나라에 원추라는 새가 있었다 하는데, 그대들은 아는가? 이 새는 매우 훌륭한 새로 아침에 남해를 출발하여 저녁때는 북해로 날아가지. 그 도중에 오동나무가 없으면 결코 머물지 않는다. 연실|練實 : 참나무 열매|이 아니면 먹지

도 않는다. 또 염천|자연의 맑은 물|이 아니면 마시지도 않는다. 그런데 그 원추가 날아가다가 아래를 내려다보니 솔개가 썩은 쥐를 나꿔채고 있었어. 게다가 그것도 매우 소중하게 말이지. 그걸 보며 원추는 하늘 높이 유유히 날아갔지. 이를 올려다 본 솔개는 나꿔 챈 썩은 쥐를 혹시 원추에게 빼앗길까 봐서 자기도 모르는 사이에 끼륵하고 외마디 소리를 질렀다는 거야. 그대가 지금 양 나라 정승이라는 하잘 것 없는 벼슬을 소중히 여기는 것은 마치 솔개가 썩은 쥐를 나꿔 쥐고 있는 것과 같으이. 그걸 금이야 옥이야 하며 감싸쥐고, 내가 이 나라에 왔다 해서 금방이라도 그 자리를 빼앗길 듯이 두려워하는 모습은 꼭 그 솔개와 같지 않는가!"

라고 내뱉듯이 퍼부었다는 것이다. 그래서 장자는 평생토록 벼슬을 못했는지도 모른다.[추수 : 秋水]

대붕大鵬의 뜻

옛날 북쪽 끝에 큰 바다가 있었는데, 그 속에 곤鯤이라는 물고기가 살고 있었다. 그 고기는 굉장히 커서 길이가 몇 천 리나 되었는데, 어느날 갑자기 새로 둔갑해 버렸다. 이것이 이른바 대붕大鵬이라는 새다. 이 새도 굉장히 커서 그 등의 길이만도 수천 리가 되었다. 또한 모양이 오늘날 같으면 태풍이라고도 말할 수 있는데, 남쪽에서 불어오는 바다의 소용돌이를 타고 하늘로 올라간다.

물 위에 나래를 치는 폭이 3천 리, 위로 9만 리, 잠깐 쉬었다 하면 반년은 눈 깜짝할 사이에 지나간다. 또 9만 리 중천에서 남쪽을 향해 날아간다.

그런데 날다가 아래쪽을 내려다보니 거기에 작은 새가 날고 있었다. 어쩌면 그것이 매미인지도 비둘기인지 모르겠으나, 아무튼 그것들이 위를 올려다보며 대붕을 흉 보고 있었다.

"어이 저것 봐. 저 대붕은 어디로 갈 작정일까? 우리들은 평생을 날아올라봤자, 기껏 작은 나무가지 하나에 머무는데, 저 대붕은 9만 리나 멀리 날아간다는 거야. 북해에서 남해로 난다고 하는데, 그건 정말 엉터리야. 어디 그럴 수가 있겠어?

어흠!"

하면서 대붕의 태도를 빈정대고 있었다. 그런데 이에 대해 장자는 높은 비평을 내리고 있다.

"뭐라구! 세상은 다 그런 거라구. 연작燕雀이 어찌 대붕의 뜻을 알겠는가 말이다. 세상의 속물들은 우리들의 마음을 모른다. 작은 자는 작은 것밖에 생각지 못한다는 것을 알아야 해. 큰 자가 되어서야 비로소 큰 마음을 알게 되는 거지."

그렇다. 자기만이 깨침을 연 것 같은 자만심으로 일세一世를 모욕하고 조롱하는 듯한 말을 하고 있다.

아무튼 장자는 허무맹랑한 허풍장이이고 엉뚱한 공상가처럼 보이며 자기 반성 같은 건 일체하지 않는 사람으로 보이는데, 정말 그럴까?[소요유 : 逍遙遊]

조릉雕陵의 반성

어느날 장자는 조릉이라는 큰 저택 부근으로 놀러갔다. 가는 도중에 그는 탄궁[彈弓 : 요즈음의 총]을 메고 갔는데, 때마침 탐스러운 큰 까치 한 마리가 날아와서 그의 이마를 스쳐갔다. 그리고 그 까치는 저택 안에 있는 밤나무에 앉았다.

원래 이 조릉은 개인의 저택인지 유원지인지는 알 수 없으나 어쨌든 무단출입이 금지되어 있었다. 그런데도 까치를 보자마자 그는 갑자기 욕심이 생겼다. 메고 있던 탄궁을 내려 그 까치를 겨냥했다.

그런데 나무에 앉아 있는 까치는 뭔가를 뚫어지게 바라보고 있었다. 그래서 그 새가 무엇을 보고 있는가를 살펴봤더니 작은 나무 가지에 사마귀가 앞발을 쳐들고 앞쪽을 노려보고 있지 않은가. 그래서 그 사마귀가 노리고 있는 걸 살펴보니 매미가 서늘한 나무 그늘 아래서 멋들어지게 울고 있었다. 이 모습을 본 순간 장자는 비로소 크게 한숨 지었다.

"어허, 어리석도다. 저 매미는 나무 그늘을 즐길 줄은 알지만, 그 몸이 금방이라도 사마귀에게 잡아먹힐 걸 모르고 있으니. 그리고 사마귀 또한 매미에게 눈이 팔려 자기를 노리는 까치를 모르고 있어. 그리고 까치는 사마귀를 쪼아 먹으려고 열중해 있지만, 지금 당장 내가 쏜 탄궁에 의해 제 몸이 엉망이 될 걸 모르고 있구나. 세상의 모든 것은 눈앞의 욕심 때문에 자기를 잊고 있다. 이것이 만물의 참모습일까? 그 얼마나 어리석은 일인가?"

장자는 큰 깨침이라도 얻은 듯이 자신을 되돌아보았다. 그러자 뒤에서,

"여, 여보시오. 게 누구요. 여긴 아무나 들어올 수 없는 곳이오."

하는 주의를 받았다는 것이다.

즉 인간은 자기 자신을 모른다.

'인생은 조롱의 장자와 같다.'는 격언은 여기서 생긴 말이다.

이런 얘기를 쓰고 있는 걸 보면 장자는 매우 자기 반성이 깊은 사람이었던 것 같다.[산목 : 山木]

너무 큰 표주박은 쓸모가 없다

어느날 친구인 혜시惠施가 장자를 찾아와 말했다.
"얼마 전에 위 나라 왕은 나에게 아주 큰 박씨 한 개를 주었어. 그래서 심어봤더니 굉장히 큰 박이 열렸거든. 그런데 말이야, 이 박을 타서 만든 표주박이 어찌나 큰 지 물이나 술이 닷섬은 들어가야 하므로 무거워서 들 수가 없었네. 그렇다고 이걸 깎아서 술잔을 만들려고 했으나 껍질이 너무 두꺼워서 그 일부만 깎으려니 또 너무 엷어서 술잔으로도 만들 수 없단 말일세. 아무리 생각해 봐도 쓸모가 없을 것 같아 그만 깨버렸네."
이 말을 들은 장자는 대뜸 혜시의 어리석음을 탓했다.
"아니, 자네는 정말 큰 것을 쓸 줄 모르는 바보군. 들어보게, 내가 재미있는 얘기를 해 줄테니. 옛날 송 나라에 손이 튼 데 바르는 고약을 만드는 장인이 있었다네. 물에서 일하는 사람들이 이 약만 바르면 아프지도 않고 곧 손 튼 곳이 낫게 되었지. 그래서 이 사람은 물로 천을 바래는 장사를 시작했다는 거야. 이 소문을 듣고 어느날 한 손님이 찾아와서 상담을 하게 되었네.

'어떻소? 백 냥을 줄테니 그 고약의 비법을 가르쳐 주지 않겠소!'

당시 백 냥이라고 하면 큰 돈이었으므로 그는 곧 식구들을 모아놓고 상의를 하게 되었지.

'우리가 날마다 천을 바래 봤자 힘만 들고 돈벌이는 되지 않는다. 지금 손님이 돈 백 냥을 낸다고 하니 차라리 저 고약 만드는 법을 알려주면 어떻겠느냐고?'

그러자, 식구들은 별로 반대하지 않아서 고약의 비법을 알려주었다는 거야. 그런데 그 손님은 곧 오 나라 임금에게로 달려가서 이 고약의 약효에 대해 설명하기 시작했지. 당시 오 나라는 월 나라와 한창 전쟁 중에 있었거든."

원래 오 나라와 월 나라는 오늘의 강서성으로서 황하를 끼고 있는 곳이었으므로 전쟁을 하게 되면 수상전을 해야 했다. 이렇게 물 속에서 전쟁을 하다보면 자연히 손발이 트는 경우가 많아서 여기에 잘 듣는 고약의 유무가 승패의 갈림길이 되어 있었던 것이다.

장자는 또 말을 잇는다.

"전쟁을 하는 동안 월 나라 군사들은 온통 손발이 터져 활을 쏠 수도 없게 되었지. 하지만 반대로 오 나라 군사들은 이 고약 덕분으로 끄덕 없으니 전쟁의 승리는 뻔했잖겠어. 자, 자네 한 번 생각해 보게. 같은 손 트는 데 바르는 특효 고약을 가지고 있어도 어리석은 자는 그걸 써가며 천을 바래는 일로 푼돈이나 벌기 십상이지만, 그러나 이걸 달리 쓰게 되면 큰 전쟁에서도 이길 수 있지. 모든 것은 쓰기에 따라 달라지는 걸세. 너무 많이 들어가는 큰 표주박이 쓸데없는 것이라고 말하지만, 그렇다면 그걸로 큰 부대를 만들어

오호五湖 근방으로 한 번 놀러가 보면 어떻겠나? 그걸 타고 두둥실 물 위에 떠 보면 온 천하가 자네 것 같은 생각이 들 걸세."

라고 일러주었다는 것이다.

이 말은 혜시가 무용無用하다고 생각하고 있는 가운데서 유용有用한 것을 찾아보라는 가르침으로서 장자의 무용無用에 대한 용|用 : 쓰임|의 서론이다.[소요유 : 逍遙遊]

쓸모 없는 가죽나무의 지혜

어느날 혜시는 또 장자를 찾아와서 말했다.

"우리 집에는 저(樗 : 가죽나무)라는 매우 귀찮은 나무가 있네. 나무는 굉장히 크지만 공이가 많고 가지가 굽어 아무 쓸모가 없어. 목수들에게 보여도 못 쓴다는 거야. 지난번에 자네 말을 듣자니 꼭 저목 같아서 말일세. 크긴 하지만, 전혀 소용이 없네."

이 말을 들은 장자는,

"어허, 자네는 정말 꽉 막힌 사람이구먼. 저 산에 산고양이나 너구리가 뛰어다니고 있네. 그걸 잘 보게. 그들은 영리한 체 하여 인간들이 쳐 놓은 덫에 걸려 버리게 마련일세. 그들에게 영리함과 민첩함만 없다면 사람들도 덫을 만들려고는 하지 않을 게 아닌가. 또 여기에 코뿔소가 있네. 무능하기 짝이 없지만, 그 때문에 오히려 인간들로부터 관대하게 다뤄지고 있다는 말일세. 사실 인간은 이 소에게 코뚜레도 달지 않고 고삐도 매지 않은 채 들판에 놓아두지 않은가. 결국 세상 일이란 무용한 것이 언젠가는 도리어 아주 유용한 걸로 바뀌는 걸세. 그 가죽나무가 쓸 데가 없다고 하지만, 그렇다면 그걸 넓은 들판에라도 옮겨 심어 놓으면 어떨까! 영원히 이 나무를 잘라 갈 사람은 없을 것이니 삼복 더위에 그 나무 그늘에서 더위를 피할 수 있다면 그거야말로 무하유無何有의 이상향을 즐길 수 있지 않겠는가!"

라며 차근차근 혜시의 어리석음을 타일렀다.

여기서 무하유의 향鄕이라고 한 말뜻은 아무것도 있는 것이 없는 곳, 즉 인간계에서는 상상도 할 수 없는 즐거운 이상향을 말한다.

어떤 서양 사람은 이를 'Erehwon'이라고 쓰고 있는데 'Now where'을 거꾸로 쓴 것이라고 한다.[소요유 : 逍遙遊]

목수도 돌아보지 않는다

'무용의 용'을 설한 이야기는 이외에도 많다.

장석匠石이라는 유명한 목수가 제齊 나라에 갔는데, 거기에 역사櫟社라는 사당이 있었다. 그런데 옛날 사당에는 꼭 그 사당의 상징, 주인공이 되는 나무를 심었다.

『논어』를 보면 하夏 나라 때는 소나무를 심었고, 은殷 나라 때는 편백나무를 심었고, 주周 나라 때는 밤나무를 심었다고 씌여 있다. 사당도 여러 가지가 있는데, 여기 나오는 사당은 아마 마을 당산으로 상수리 나무|참나무|를 심었던 것 같다.

그런데 이 당산에 있는 상수리 나무가 굉장히 커서 황소 한 마리가 그대로 나무 그늘에 누워 있을 정도였다. 어른 열 명이 손을 잇대어서 껴안아도 안을 수 없을 만큼 컸다. 그런 매우 희귀한 나무인데, 웬일인지 목수 장석은 눈도 돌리지 않고 그대로 지나쳤다. 정석은 대목|大木 : 큰 목수|이어서 당연히 희귀한 나무를 보면 관심을 가질 것인데도 외면하므로 제자들이 물어보았다.

"저희들은 스승님의 제자로 벌써 여러 해가 되었습니다만, 아직까지 이와 같은 큰 나무는 본 적이 없습니다. 그런데 스승께서는 일체 눈도 돌리지 않으니 어떻게 된 일입니까?"

그러자 대목은 냉정하게 말했다.

"아니다. 이건 잡목일 뿐이야. 이런 건 보아서는 안돼. 만약 이 걸로 배를 만들면 반드시 그 배는 가라앉고 말거다. 또 관棺을 만들면 곧 부수어져 버릴 거다. 문을 만들면 구멍이 나고 기둥을 만들면 벌레가 쓴다. 이건 아무짝에도 쓸모 없는 잡목이야. 그래서 이토록 살아남아 있을 수 있던 거지."[인간세 : 人間世]

역사櫟社 꿈에 나타나다

그날밤 당산에 모셔져 있는 신령神이 정석의 머리맡에 섰다. "너 괴씸한 놈! 내 욕을 하며 잡목이라고 헐뜯고 있다. 잡목이 다 뭐냐. 쓸 데가 없다니 무슨 말이냐. 나는 될 수 있는 대로 세상에서 쓰이지 않도록 일부러 애를 쓰고 있는 중이다. 생각해 보라. 세상에 도움이 되는 건 모두 일찍 잘려 버리지 않더냐. 밤나무도 살구나무도 배나무도 열매가 익으면 가지가 잘린다. 껍질이 벗겨진다. 모두가 그들 자신의 무용無用 때문에 그 삶을 괴롭힘 당하고 있다. 그에 비해 나는 나의 무용을 참고 견디어 대용大用을 이루어 오늘까지 장수하고 있는 중이다. 너는 틀림없이 나를 잡목이라고 했겠다. 너야말로 쓸모 없는 잡배다. 그 따위 잡배가 어찌 잡목의 참뜻을 알겠느냐."라며 놀렸다고 한다.[인간세 : 人間世]

불상不祥은 곧 대상大祥이다

앞의 이야기는 『장자』의 여러 곳에 나타나 있다.

한편 이마가 흰 소, 들창코 모양을 한 돼지, 치질이 있는 사람, 이런 것들은 모두 세상에 도움이 되지 않는다. 도움이 되지 않기 때문에 사람들에게 쓰이지 않는다고 말한다.

옛날에는 큰물이 져서 강물이 범람하면 인주人柱, 즉 사람들이 물 속으로 들어가 몸으로 다리를 만들었던 것이다. 그러나 그때 불구자는 불상不祥타 하여 앞에서 말한 치질 있는 자, 이마가 흰 소, 들창코 모양의 돼지를 피했는데, 경원된 쪽으로 보아서는 그것이 오히려 큰 덕, 즉 대상大祥이 되어 위태로운 목숨도 건지게 된다는 뜻을 말함이다. 그래서 장자는,

'불상不祥의 까닭은 바로 신인神人이 대상大祥으로 만든데 있다.'

라고 설명하고 있다.

'육계[肉桂 : 계피나무] 나무는 향기롭다. 그러니까 찢기어 버린다.'

'사람은 모두 유용의 용만 알고 무용의 용은 모른다.'

이것이 장자의 결론이다.[인간세 : 人間世]

우물 안의 개구리는 바다를 말하지 말라

'추수秋水 때를 안다. 백천白川이 강으로 쏟아진다.'

가을이 되어 물이 많아졌다. 하백河伯은 의기양양해서 사방을 둘러보니 자기가 살고 있는 강이 갑자기 넓어져서 강언덕에 매어 있는 소나 말조차도 볼 수가 없었다. 그래서 하백은,

'흔연히 기뻐하여 천하의 아름다움이 모두 자기 것처럼 느껴졌다.'

그래서 덩달아 흐름을 따라 동쪽으로 갔다. 그리하여 동쪽으로 가서 북해를 만나 보니 이 또한 망망대해로 끝이 없다. 여기서 하백은 비로소 이제까지의 생각이 바뀌어 망연실색하여 북해의 신에게 말을 걸었다.

"나는 이제까지 나를 따를 자가 없다고 생각했었는데, 이것은 큰 잘못이었다. 만약 내가 그런 생각으로 산다면, 아마 천하 사람들에게 웃음거리가 되었을 거요."

라며 솔직하게 고백한다. 그러자 북해의 신은 이렇게 말했다.

'정와[井蛙 : 우물 안 개구리]는 바다를 말하지 말라는 뜻은 허虛에 얽매어 있기 때문이다.'

우물 안에서 사는 개구리가 대해大海가 넓다는 걸 말할 수

없는 것은 허, 즉 작은 공간에 얽매어 있기 때문이다.

'여름 풀벌레 겨울 얼음을 말하지 말라는 뜻 역시 때에 얽매어 있기 때문이다.'

여름에 나오는 풀벌레가 겨울에 어는 얼음에 대해 말할 수 없는 것은 짧은 시간에 얽매여 있기 때문이다.

'곡사[曲士 : 선비]가 도道를 말할 수 없음은 가르침에 얽매어 있기 때문이다.'

즉, 세상의 일곡[一曲 : 비뚤어짐]의 사士가 도를 말할 수 없는 건 쓸데 없는 가르침에 속박되어 있음을 말함이다. 일곡지사一曲之士란 사물의 한쪽만 보고 대국大局에 통하지 않은 사람을 일컫는다. 이와같이 북해의 신은 하백을 타이르며 북해가 크다는 사실을 말하고 있다.

천하의 물은 바다보다 더 큰 것은 없다. 강물이 이곳으로 흘러들지만 채워지는 일이 없다. 또 바닷물은 어딘가로 흘러서 새어나가는데, 언제까지라도 그 물이 없어지는 일도 없다.

그리고 봄 가을에도 변함이 없고, 가뭄 때나 장마 때도 증감의 구별이 없다. 그것이 북해다. 그러나 이토록 큰 자신이지만, 결코 이것으로 만족하지 않는다. 자기와 천지天地와의 관계로 보면 하잘 것 없는 작은 존재에 불과할 뿐이다. 마치 작은 돌이나 작은 나무가 큰 산에 있는 것과 같다. 이렇게 생각하면 중국과 세계와의 관계도 역시 같은 것이다. 마치 큰 창고 안에 있는 한 톨의 쌀알과 같은 모습이다.

그리고 인간과 만물 사이 관계도 소나 말의 몸뚱이에 돋아 있는 한 가닥 털과 같다. 그러므로 부질없이 내가 크다든가, 가장 훌륭하다라는 것을 생각지 않음이 바람직하다고 북해의 신은 하백에게 가르치고 있다.[추수 : 秋水]

무한대無限大에서 보면 대소는 없다

북해의 신 약若의 말을 듣고 하백은 비로소 깨달았다면서 다음과 같이 묻는다.

“천지를 크다 하고 호말|毫末 : 털|을 작다고 생각하면 되는 겁니까?”

그러자 약은 그것만으로는 안 된다면서 다음과 같이 말을 이어간다.

“물량에는 한이 없다. 이것은 무한이다. 그러므로 그 사이에는 큰 것도 작은 것도 없으며, 많은 것도 적은 것도 없다. 무한에 대해서는 모든 것이 공空이다.

그리고 때는 쉬지를 않는다. 시간은 무한이다. 그렇게 보면 지난 것도 현재도 없다. 오래 장수한다든가 요절했다는 구별도 없게 된다.

인간 운명의 좋고 나쁨과 변화, 이 역시도 항상성恒常性이 없는 것, 한이 없음을 뜻한다. 이를 분分이라 하는데, 이것도 항상성이 없다. 그렇게 생각하면 어떤 것을 얻었다고 기뻐하고, 어떤 것을 잃었다고 슬퍼하거나 걱정하는 것 모두가 어리석기 짝이 없는 일이다.

그리고 인간의 생사生死도 한 가닥 끈에 지나지 않는다. 그러므로 그 일부분만을 들어 생이라 하고, 다른 것을 죽음이라고 구별하는 것도 잘못이다. 즉 우리는 대소大小의 생각에 얽매어 있는데, 모두 잘못이다."

라고 가르쳤다.[추수 : 秋水]

대붕을 아지랑이나 티끌과 비교하지 말라

장자는 또 다른 방법을 써서 설명하고 있다.

우리가 대소大小에 대해 말할 때는 반드시 우열이란 생각이 한쪽 면에 생기게 된다. 그러나 그 우열이라는 차별도 사물의 보기에 따라서 다르므로 그 근본을 따져보면 크고 작음의 생각도 없고 우열의 생각도 없어진다는 것이다.

『장자』「소요유」편 첫머리에 대붕大鵬 이야기가 나왔다는 건, 이미 앞에서 말한 바 있는데, 그 내용은 대소에 우열이 없다는 의론이 들어있다.

대붕은 물 위에서 나래를 펴면 3천 리, 소용돌이를 타고 9만 리 장천으로 올라간다. 이렇듯 거창하고 웅장한 표현을 하는가 하면, 장자는 그 바로 밑에 야마|野馬 : 아지랑이|나 진애|塵埃 : 티끌|로 표현을 바꿔 아지랑이나 먼지, 티끌이 대붕 밑에 표류하고 있다는 사실을 말하고 있다. 이는 봄의 들녘에 피어나는 아지랑이 형상이다.

장자는 또 붓을 잇는다. 하늘을 우러러 보면 창창한 푸른 하늘이 끝없이 펼쳐져 있다. 만약 우리들이 저 하늘에서 아래를 내려다보면 어떨까? 마치 밑에서 푸른 하늘을 올려다보는 것처럼 푸르른 아득한 것을 볼 수 있지 않겠는가라고.

이는 무엇을 뜻하는가 하면, 장자의 생각에는 9만 리 장천을 묵묵히 날으는 대붕이 높게 날으려면 반드시 그 밑에는 9만리나 겹겹이 쌓여 있는 공기의 한 알 한 알이 있어야 한다는 뜻을 암시하고 있다.

그 공기가 없으면 일격 구만리|一擊九萬理 : 한 번 나래를 펴면 9만 리를 날음| 대붕도 남쪽을 향해서 날을 수가 없다. 그래서 장자는 다시 다음과 같은 글로 잇는다.

'물을 쌓기 두텁지 않으면 대주|大舟 : 큰 배|를 짊어질 힘이 없다.'

즉 아무리 대붕이라 할지라도 공기가 쌓여 있지 않으면 거대한 나래를 감당할 수 없다는 뜻이다.

우리는 흔히 대소大小라고 하면, 항상 거기에 큰 것은 작은 것보다 더 뛰어나다고 생각하는, 즉 우열의 생각을 갖지만 장자의 생각에 따르면 큰 것도 반드시 작은 것의 힘에 의지하고 있다는 것이다. 9만 리를 날으는 대붕도 눈에 보이지는 않지만 야마나 진애의 힘에 의존한다는 걸 나타내고 있다.

이렇게 생각해 가면 큰 것도 꼭 크지만은 않고 작은 것 또한 꼭 작은 것만은 아니라는 말이 된다. 여기에 대소의 차별을 다른 방면에서 철폐하려는 뜻이 강하게 풍기고 있다.

이상, 대소를 일개|一概 : 모두 같음, 한 가지|라고 본다면 정조|精粗 : 정밀함과 거칠음|도 귀천도 모두 같은 뜻이 된다. 우리는 자세하고 정밀하다느니 거칠고 엉성하다고 구별하는데, 그 정조도 항상 형태가 있을 동안에만 한정되어 있다는 것이다. 형태가 없는 것은 수數로 나눌 수 없음을 가르치고 있다.

한편 그 생각을 더해서 귀천에도 구별이 없다고 말한다. 물질에 얽매어 있기 때문에 귀천으로 나뉘어지는데 물질이 없다고 생각하면 귀천이 있을 수 없다. 그래서 장자는,

'도道로써 이를 보면 사물에 귀천이 없다. 그러나 물질로써 이를 보면 자연히 귀함이 생기고 천함이 생긴다.'

라고 말하는 것이다.

이와같이 귀천까지도 철회한 장자는 또 다리를 잘린 올자兀者를 예로 들어 그 설을 강조하고 있다.[추수 : 秋水]

올자와 정 나라의 자산子産 이야기

신도가申徒嘉라는 사람이 있었다.

정 나라의 석학 자산子産과 동문이다. 이 자산은 대단한 현인으로서 『논어』에서도 종종 칭찬되고 있는 인물이다. 그러므로 공자도 자산의 행동 거지를 배웠다고 한다.

이 자산과 신도가는 백혼무인伯昏無人이라는 도인의 제자였다. 그런데 자산은 정 나라의 재상이므로 죄를 짓고 다리를 잘린 신도가 따위와는 어깨를 나란히 하기가 매우 싫었다. 그래서 자산이 신도가에게 이런 말을 했다.

"나는 너와 진퇴를 함께 하는 것이 부끄럽다. 그러니까 내가 먼저 나가면 너는 남아있으라구. 아니면 네가 먼저 나가면 내가 남아 있겠다. 어쨌든 행동을 같이 하는 건 싫으니까."

그런데 다음날 자산이 가 보니 천연스럽게 신도가는 글방에 앉아 있고 자리까지 나란히 하고 있지 않은가. 이에 자산은 더욱 역겨워져서 신도가를 보고,

"내가 먼저 나오면 너는 그대로 거기 있어. 네가 먼저 나오면 나는 남아 있을 테니. 지금 내가 나가려 하니까, 너는 그대로 있어. 어떠냐?"

라고 말하자, 그 때서야 신도가는 입을 열었다.

"나나 당신이나 모두 같은 백혼무인 선생의 문하에서 배우고 있지 않소. 이 백혼무인 선생 문하에서 배운 우리들에게 재상이니 대감이니 하는 격이 어디 있겠소. 그걸 생각할 필요가 어디 있단 말이오. 당신은 한때 재상이라는 걸 자랑하여 나를 멀리 하려는 생각인 것 같은데, 그건 턱없는 잘못이오. 나는 다리를 잘린 죄인이요. 하지만 생각해 보시오. 세상에는 여러 종류의 인간들이 있어서 실제로 나쁜 짓을 하면서도 다리를 잘리지 않으려고 애쓰는 자들이 상당히 많은데 나처럼 잘못이 없으나 다리를 잘리어도 태연한 인간은 아주 적소. 그래서 수양이 모자랐던 때의 나는 세상의 나쁜 놈들이 나쁜 짓을 했으면서도 다리가 온전하다는 것만으로 나쁜 짓을 하지 않았는데도 다리를 잘린 나를 비웃었소. 그 꼴이 정말 아니꼬왔단 말이오. 그래서 지난날에는 나도 매우 화가 나기도 했었소. 그러나 지금은 다르오. 적어도 우린 백혼무인 선생 문하에 들어오지 않았소? 선생 문하에 들어와 보니 세상의 기쁨이라든가 속상하다는 것이 얼마나 어리석은 일인가를 잘 깨닫게 되었소. 즉 백혼무인 선생은 선善으로써 우리를 씻어주신 모양이오. 그래서 당신 말을 좀 해야겠는데 당신과 나는 백혼무인 선생 문하에서 함께 19년 동안이나 배웠소. 그 19년 동안에 나는 아직 한 번도 내가 다리를 잘리었다는 사실을 자각한 일이 없었소. 그러니까 나는 형태라는 것 이외의 입장에서 당신과 사귀고 있는 거요. 그런데 웬일이오. 당신은 지금까지도 변함없이 나는 재상이다, 너는 올자다 하며 차별을 하고 있소. 그렇다면 당신은 언제까지나 나와의 사귐을 형태 내부에서 갈등을 가지고 참고 있는 자세가 아니지 않소."

라고 꼬집었다. 그러자 자산도 비로소 자신의 모자람을 깨닫고 부끄러운 나머지 정색하여 사과를 하고 "이제 그만 두시오." 하면서 손을 들었다는 것이다.

이는 우리가 무無의 입장에 서면 이미 귀천이 존재할 수 없다는 걸 가르친 얘기다.

장자는 이와같이 대소를 일개一概로 보고, 동시에 다소多少, 정조精粗, 귀천의 생각을 버리고 그 차별까지 버렸던 것이다. [덕충부 : 德充府]

동과 서는 정반대이지만 함께 있다

세상 사람들은 흔히 시비를 따지고 가불가可不可를 논의한다. 그러나 생각해 보면 태반이 헛일이다. 말하자면 말장난에 지나지 않은지도 모른다. 그래서 장자는

'도는 소성|小成 : 하잘 것 없는 성공|에 가리워지고, 말은 영화 뒤에 가리워진다.'

라고 경고하고 있다.

옛부터 의론이라는 것을 곰곰이 생각해 보면 쌍방에 이유가 있음을 알 수 있다. 양생養生을 하라 함은 하나의 가르침인데, 너무 지나치게 몸만 생각하여 신경을 쓰다 보면, 오히려 병을 일으키는 근원이 된다는 것 또한 하나의 가르침이다.

그리고 너무 경제에만 집착하는 사람은 천하게 된다는 것 역시 하나의 가르침이다. 결국 쌍방의 가르침에는 각각 그럴만한 이론이 있다는 것이다.

또한 생각을 더해 가면 한쪽 이론이 있기에 다른쪽 이론이 생긴다는 것이다. 그래서 장자는,

'동서東西는 상반하지만, 서로 없어서는 안 된다는 것을 안다.'

라고 했다.

즉 모든 의론은 동서가 서로 반대의 입장에 있지만, 한편 없어서는 안될 관계에 있다는 뜻이다.

동쪽과 서쪽은 정반대이지만 동쪽이 없으면 서쪽이 생기지 않으며, 서쪽이 없으면 동쪽이라는 의미가 없어지므로 이것 또한 하나의 논리다.

방생方生의 설

방생이란 제대로 낳는다는 뜻으로, 제대로 낳으면 제대로 죽는다. 또 제대로 죽으면 제대로 낳는다는 뜻으로서 마치 인간이 태어나면 죽는다. 죽는 사람이 있기에 태어나는 사람이 있듯이 A라는 이론이 있으면 B라는 이론이 생기고, B라는 이론이 있으면 A라는 이론이 생기게 마련이라고 말한다.

이렇게 되면 이론은 끝이 없게 되는데, 여기서 우리는 다시 한 번 무無의 경우로 돌아가서 생각해 보지 않으면 안 된다.

이를테면 의론이라는 것은 회전문의 축과 같아서 문은 그 축을 중심으로 하여 돌고 있다. 한쪽 끝은 동쪽으로 가는 수가 있고, 다른 한쪽 끝은 서쪽으로 가는 경우도 있으나 중심의 축은 조금도 움직이지 않는다. 그런 사실은 의론하는 사람이 생각해야 할 점이다. 이를 장자는 도추[道樞 : 이것과 저것이라는 상대]라고 말한다.

그 도추가 한복판을 이루고 있으면 그 회전문은 언제까지나 돌고 있다. 즉 동서의 이론은 무궁하게 계속되어도 도추는 바뀌지 않으며, 그 의론에 가불가可不可의 구별이 없다는 걸 알게 된다는 뜻이다.[제물론 : 齊物論]

천지는 손가락 하나와 같다

장자는 의론할 때 언제나 자기라는 입장에 서서 논의해야 한다고 말한다. 그렇지 않고 논의할 때 자기라는 입장으로부터 떠나서 남에게 바른 표준을 두고 논의하지 않으면 안 된다고 주장한다.

이것이 유명한 '지마指馬의 논'이다.

그의 말에 따르면 다음과 같다.

'손가락을 가지고 손가락이 아님을 가르치는 것보다 손가락이 아님을 가지고 손가락이 아니라는 사실을 가르치는 것이 낫다.'

좀 이상한 말 같지만, 자기 손가락이라는 것을 표준하여 남의 손가락을 비판할 경우, 너의 손가락은 올바른 손가락이 아니라고 설명하는 것보다, 그럴 때 자기라는 표준은 이미 생겨 있으므로 그 표준을 버리고 자기 손가락이 아닌 다른 표준의 손가락을 바탕으로 해서 설명함이 낫다는 뜻이다.

장자는 또,

'말馬을 가지고 말이 아닌 것을 설명하느니보다, 말이 아닌 것을 가지고 말이 아님을 설명하는 것이 낫다.'

라고도 말한다. 이렇게 보면 결국,

'천지는 일지[一指 : 손가락 하나]다. 만물은 일마[一馬 : 한 마리 말]다.'

가 되며, 세상사는 모두 가불가로 일관된다는 논리로 결말이 난다는 사실을 말하고 있다.[제물론 : 齊物論]

나와 너는 모두 모른다

또 장자는 말한다.

"사실 우리는 의론하지만 끝에 가서 그 의론의 가부를 판정하는 제삼자는 아무도 없지 않는가."

즉 너와 내가 논의를 한다고 할 때, 네가 나에게 이기고, 내가 너에게 지는 일은 있어도 과연, 네쪽이 좋고 내쪽은 나쁠까? 또는 그 반대일까? 이를 판정할 수 있는 기준은 세상에 있을 수 없다는 말이다.

판정자가 아무리 생각을 해도 세상에는 네 가지 경우밖에 없다는 것이다. A와 B가 논쟁할 경우 한 가지는 A와 B에게 같은 것을 두고 판단케 한다.

둘째 경우는 A와 B에게 각각 다른 것을 두고 판단케 한다.

셋째 경우는 A에게 같은 것을 두고 판단케 한다.

넷째 경우는 B에게 같은 것을 두고 판단케 한다.

이 네가지 뿐이다.

그런데 첫째 경우인 A와 B에 같은 것을 두고 판단케 한다고 하면 판단시켜야 할 A와 B가 현재 다투고 있으므로 이는 판단이 되지 않는다.

둘째 경우인 A와 B에게 다른 것을 두고 판단케 한다면, 이는 A와 B 사이에 공통되는 점을 갖고 있지 않으므로 마치 장단長短을 따지는 다툼에 경중輕重의 저울을 쓰는 것과 같아서 판단이 되지 않는다.

그러면 셋째, 네째의 경우처럼 어느 한쪽에 같은 것을 두고 판단할 것인가. 이 역시 틀림없이 한쪽에만 편을 들 것이므로 정당한 판단이 되지 않는다.

결국 A와 B의 의론을 판단케함은 네 가지밖에 없는데, 이 네 가지가 각각 판단되지 않는다면 세상에는 판단해야 할 기본이 없게 된다는 뜻이다. 이것이 장자의 논법이다.

이 의론은 좀 복잡해서 논리상 잘못도 있는 것 같지만, 아무튼 장자는 그것으로써 가불가可不可의 일관一貫된 입장으로 삼고 있다.[제물론 : 齊物論]

옳고 그름은 보는 사람에 따라 다르다

이 말을 근본적으로 파고들어 생각해 보면, 우리가 논의할 때, 항상 올바른 표준이라는 것을 먼저 드는데, 과연 그 옳은 표준이라는 기준이 세상에 있을까?

옳다고 하면서도 각자의 입장에 따라 달라지는 것은 아닌지? 만약 각자의 입장을 버리고 우주 전체를 두고 생각했을 때, 과연 어느 만큼의 옳은 것이 있다고 단언할 수 있을까?

그래서 장자는 여러 가지 예를 들어 절대적으로 옳은 것이 없음을 증명하고 있다.

이를테면 안주처를 생각해 본다. 어떤 곳이 안주하기에 가장 알맞는가? 이 문제를 우주 전체에 비교해 보면 여러 가지 답이 나온다.

우선 사람들에게 물어보면 따뜻한 방이 좋다면서 습기 있는 곳에서 자게 되면 허리가 아프고 병이 날지 모른다고 말한다. 그러나 미꾸라지에게 물어보면 미꾸라지는 습기 있는 데가 좋다고 대답한다.

다음 나뭇가지 위에서 자면 어떠냐고 사람에 물어본다. 그러면 나뭇가지가 흔들려 무서워서 잠을 잘 수 없다고 대답한다.

이를 또 원숭에게 물어보면 그곳이 제일 좋다고 대답한다.

그렇다면 안주할 곳은 어디가 좋은가? 이 물음을 우주를 염두에 두고 대답할 경우, 꼭 그렇다는 판단이 나오지 않다는 것이다.[제물론 : 齊物論]

솔개와 까마귀는 쥐를 좋아한다

먹는 것에 대해서도 마찬가지다.

인간에게 물어보면 쇠고기가 맛있고 돼지고기가 맛있다고 한다. 그러나 미록[麋鹿 : 사슴]에게 물어보면 어린 풀이 좋다고 한다. 그리고 백족[百足 : 지네]에게 물어보면 뱀이 좋다고 하고 솔개나 까마귀에게 물어보면 썩은 생쥐가 맛있다고 한다.

결국 맛으로서 어떤 것이 가장 좋으냐고 우주를 두고 문제를 제기할 때는 아무도 그 정답을 내지 못한다.

아름다움에 대해 생각해 보아도 마찬가지다. 숫원숭이에게 물어보면 암원숭이가 아름답다고 말하고, 암사슴은 숫사슴이 아름답다고 한다. 미꾸라지는 미꾸라지, 물고기는 물고기대로 각자 선택하는 바가 다르다.

인간 사회에서는 크레오파트라, 중국의 모장毛嬙, 여희麗姬를 대단한 미인이라 하는데, 만약 그 미인들이 만약 물고기들이 노니는 곳에 얼굴을 내밀면 모두 도망을 치고, 새나 사슴이 보아도 놀라 도망을 칠 것이다.

이렇게 보면 참다운 아름다움이 어떤 것인지 알 수가 없다.

장자는 이와 같은 예를 들면서 인의仁義에 대한 논의며 시비에 대한 의론도 어떤 것인지 알 수 없다고 말한다. 그러므로 입장에 따라, 보기에 따라 다르다는 것이다.

끝으로 장자가 가불가 일관의 이론을 이루는 최대의 근거는 인간에게는 절대 자유란 있을 수 없으므로 자연히 그 속에는 가불가나 선불선善不善은 있을 수 없다고 하는 점이다.

장자에 따르면 원래 시비, 선악이라는 것은 본인에게 자유 의사가 존재한다는 것을 가정하지 않으면 안 된다. 자유 의사가 없는 곳에 선악의 판단은 있을 수 없다.

이 말은 옳다. 예를 들면 우리가 만약 잘못을 저질렀다고 하더라도 이 잘못을 저지르기 전에 자기의 자유 의사를 나타내 보일 기회가 없었다고 하면, 그 행동에 대해서 선악, 가불가를 물을 수 없다. 그러니까 자유 의사가 없는데 선악·가불가의 판단을 할 수 없음은 당연하다.

그런데 장자에게 이 문제에 대해 말하라고 한다면 세상에는 대자연의 힘 이외는 절대 자유란 없다. 모든 것은 대자연의 힘이며 지배되는 것이므로 개개의 절대 자유는 있을 수 없으며 따라서 그 언행에 선악, 가불가의 구별은 있을 수 없다는 것이다.[제물론 : 齊物論]

하늘의 소리天籟를 들으라

남곽자기南郭子綦라는 사람이 책상 앞에 앉아 바깥 하늘을 바라보며 하품을 하면서

'그 우|偶 : 친구, 상대|를 잃은 것과 같구나?'

하며 중얼거린다.

어쩌면 절대 세계에 들어 상대를 잃었는지도 모른다.

이때 안성자유顔成子遊라는 자가 찾아 와서

"선생님, 오늘은 형여고목|刑如枯木 : 태도가 늙은 고목 같음|이고 심여사회|心如死灰 : 심정이 타고 난 재 같음|하시어, 여느 때와는 신색이 다르시오니 어이된 일이옵니까?"

라고 묻자, 자기子綦는

"아니다. 실은 오늘 나는 나를 잃었어. 말하자면 무無의 경지에 든 거야."

라고 말문을 꺼내고는 자유에게 간절히 가르쳐 주었다.

"너희들은 항상 인뢰|人籟 : 사람의 기색|는 듣고 있지만, 아직 지뢰|地籟 : 땅의 소리 · 기색|를 들은 적이 없지 않은가. 아니 지뢰는 듣고 있는 지 모르나 천뢰|天籟 : 하늘의 소리 · 기색|를 들은 일은 없을 것이다. 인뢰라고 하면 피리나 나팔 같은 사

람에 의해 소리 내는 것을 말한다. 이 소리은 너희들도 많이 듣고 있다. 허나 지뢰라고 하면 바람에 의해 일어나는 천지의 울림이다. 저기 나뭇가지가 울리고 있지 않은가. 바로 저 소리야."

이 지뢰에 대해서는 매우 뛰어난 글로 표현하고 있다. 그는 다시 말을 잇는다.

"자, 잠깐 귀를 기울여 보라. 부스럭거리는 소리가 들리지 않은가. 나뭇잎이 흔들리고 있지 않은가?"

그런 다음 잠시 눈을 감고 명상에 잠겼다. 한참 뒤에 그는,

"나무 속에 구멍이 나서 그 구멍에 바람이 스치면 여러 가지 소리가 나지. 이를 바람에게 물어보면 그 소리는 자기가 내는 것이라고 말한다. 그러나 한 걸음 나가 생각해 보면 도대체 무엇이 바람을 일으켜 나무의 구멍에 불어넣는 것일까? 그것을 생각해 보면 아무래도 뭔가 지배자가 존재하고 있는 듯하다. 그걸 깨닫는 것이 곧 천뢰를 듣는 일이다."

라고 말을 맺었다. 이 장면의 원문을 보면,

"대괴|大塊 : 큰 흙덩이|의 애기|噫氣 : 습|, 그 이름을 바람이라 한다. 이것은 그저 생기지 않는다. 한 번 생기면 만규|萬竅 : 수 많은 구멍| 노호|怒呺 : 큰 소리를 냄|한다. 그대는 이 소리를 듣지 않는가. ……지뢰즉중규地籟則衆竅라. 인뢰즉비죽|人籟則比竹 : 인뢰는 곧 피리소리|이며, 천뢰는 무엇인가. 자기子綦이르되 수많은 소리가 같지 않고 각자가 그 나름의 소리를 내는데, 그렇다면 이 소리를 내게 하는 자가 누군가. 그것이 바로 천뢰다."

라고 쓰여 있다.

즉 지구의 하품이 바람이며 그 바람이 구멍에 닿아 소리를

내는 것이 지뢰인데, 그 지뢰가 큰 소리를 내게 하는 주동자는 누군가. 그것이 천뢰이며 대자연의 소리라는 것이다.

우리들은 여러 가지 일을 한다. 그 일을 자기가 하고 있는 것이라고 생각하고 있지만, 잘 생각해 보면 실은 자기가 하는 것이 아니다. 주위 사정이라든가 형세의 영향이라든가 또는 이제까지 받은 교육의 힘 등 여러 가지에 의해 지배되어 행하고 있다는 것이다.

그렇다면 평소에 자유 의사를 갖고 있다는 생각은 자기의 자유 의사가 아닌지도 모른다. 자유 의사가 아닌 것이라고 하면 인간의 행동에 대해서 시시비비, 가불가를 가린다는 건 잘못인지도 모른다. 그 점을 강조하고 있는 것이 장자의 의론이다.[제물론 : 齊物論]

그림자와 그늘그림자의 대화

장자는 인간의 그림자와 그 그림자 옆에 있는 그늘그림자와의 문답을 말하고 있다.

그늘그림자를 망량罔兩이라고 하는데, 그 망량이 그림자 보고 질문을 한다.

"조금 전에 너는 걷고 있었던 것 같은데, 지금은 또 걸음을 멈췄다. 조금 전에 너는 앉아 있었던 것 같은데, 지금은 서 있다. 그렇듯 앉았다 일어났다 하니 그야말로 지조가 없군!"

그러자 그림자가 대답한다.

"그래, 실은 나도 그렇게 하고 싶지 않아. 그런데 누군가가 나를 그렇게 하도록 하는 것 같아."

그 누군가는 사람을 가리킴인데, 사람이 앉았다 섰다 하니까 그림자도 할 수 없이 따라서 앉았다 섰다 한다는 말이다. 그래서 그림자가 그렇게 하니까 그늘그림자 역시 그에 따라 앉았다 섰다 하는 것인데, 그늘그림자는 그런 사실을 모르고 있다.

그림자는 그늘그림자에게 또 이렇게 말한다.

"그런데 말이지. 나도 실은 별 수 없어. 뭔가에 의해 그렇게 하도록 하고 있을 뿐이야. 내가 기다리고 있는 상대[인간]도 역시 누군가에 의해 그렇게 하도록 명령을 받고 있는 것 같단 말야. 그러니까 다른 누군가가 '너 거기 앉아!' 하니까 앉고, '거기 서!' 하면 서게 되는 것이 아닌가 해. 또 그렇게 시키는 자도 누군가에 의해 지배되고 있는지도 모르지. 결국 대자연이라는 것이 있어서 모든 것을 조종하고 있는 지 몰라!"

그리고 끝으로

'우리는 사부조익[蛇蚹蜩翼 : 뱀은 비늘에 의해 움직이고 매미는 날개가 있어서 날음]을 기다리는가?'

'어찌 그렇다고 하는 까닭을 알겠는가? 어찌 또 그렇지 않다는 까닭을 알 수 있겠는가?'

라고 말을 맺고 있다.

뱀은 비늘이 있어 길 수 있으므로, 비늘에 의해 움직인다고 말할 수 있다. 그러나 뱀이 없으면 비늘이 움직일 리가 없으므로, 비늘은 뱀에 의해 움직이고 있는지도 모른다. 뱀이 비늘로 하여 움직이는 지, 비늘이 뱀으로 하여 움직이는 지 어느 쪽인지 알 수가 없다.

매미도 날개에 의지해 날은다고 볼 수 있다. 그러나 날개는 매미가 없으면 날 수가 없다. 이 또한 어느 쪽이 옳은 지 알 수가 없다.

그러므로 세상에서 논쟁을 하고 선악을 논해 봤자 선이라는 것이 진짜 선인지, 악이라는 것이 진짜 악인지 판단이 되지 않고, 가可가 가이며, 불가不可가 진정 불가인지 판단이 서지 않는다. 결국 가불가는 일관되는 것이라는 말로 그 논의를 맺는다.[제물론 : 齊物論]

명가名家의 주장

당시 사회에 명가名家라는 학파가 있었다.

명가란 글자 그대로 처음에는 이름을 밝히는 것을 내세웠다. 세상을 다스리고 천하를 평안케한다는 목적에서 그 실현을 위한 하나의 방법으로서 이름을 밝혀야 한다는 주장을 내세운 것이다.

그들의 주장에 따르면 오늘날과 같이 세상이 극도로 혼탁됨은 요컨대, 사상의 혼란에 바탕을 두고 있다. 사상의 혼란은 우리들이 사용하고 있는 말의 애매모호한 뜻에 원인이 있다고 본다. 또 하나 하나의 말뜻을 분명히 밝혀도 말과 말의 관계를 밝히는 논리의 혼란을 막지 않으면 사상의 혼란을 피할 수 없다는 것이다.

사상의 혼란을 피하려면 쓰고 있는 하나 하나의 낱말, 사물의 이름, 즉 그들의 이름을 밝히지 않으면 안 된다는 것이 명가의 주장이다.

이를 뒤집어 설명하자면 말을 바르게 하고 말과 말의 관계를 만들어가는 논리를 밝혀야 인간의 사상이 정돈된다. 사상이 정돈되면 세상의 혼란도 면할 수 있다는 것이다. 이는 한 단계 더 높은 옳은 주장이라 생각된다.

그런데 이 옳은 주장도 나중에는 지엽枝葉에 매달려 시대의 형편에 따르게 되고, 마침내 논리를 위한 논리, 의론을 위한 의론으로 끝나 버려 마치 서양의 어느 시대에 창궐했던 궤변학파와 같은 운명을 걷게 되었다.[제물론 : 제물론]

흰 말은 말인가, 아닌가

이들 명가 중에는 여러 가지 의론이 있었는데, 그 가운데 유명한 의론은 공손룡公孫龍이 주장한 '흰 말은 말인가, 아닌가'라는 백마비마白馬非馬의 의론이다.

이에 대해 어떤 사람은 흰 말은 말이 아니라고 말한다. 왜냐하면 우리가 말을 살 때는 대개 검정말이나 갈색말을 산다. 그런데 흰 말을 사려면 검정말, 갈색말에 대해서는 알 수가 없다. 그러므로 흰 말은 말이 아니라고 주장한다.

이를 하나의 의론으로 공손룡이라는 사람이 주장한 말인데, 이보다 앞서 이 명가의 의론을 펴고 있는 사람으로 묵자墨子가 있다.

한편 묵자는 겸애일류兼愛一流란 학설을 세운 사람인데, 견해에 따라서는 이 역시도 명가의 일파다.

그는 백마도 말이라고 주장한다. 왜냐 하면 흰 말을 타는 것도 말을 타는 행위라는 것이다. 흰 말을 산다는 것은 곧 말을 필요로 하는 목적이 있다. 그러므로 흰 말도 말이라는 주장이다. 이렇게 되면 흰 말은 과연 말인지 아닌지, 어느쪽이 진짜인지 모르게 된다.

그 당시는 이러한 의론이 한참 유행했던 시대였으므로, 변론무용론辯論無用論을 주장하고 있는 장자도 어떤 면에서는 이들처럼 명가의 의론을 따르고 있다고 보아야 할 것이다.

호량濠梁의 문답은 그에 알맞은 예다.

호량濠梁의 문답

어느날 장자는 친구 혜시惠施와 함께 호수濠水 다리 위를 노닐고 있었다. 다리 밑을 흐르는 강물을 내려다보니 수많은 고기떼들이 헤엄치며 오락가락하고 있었다.

장자는 이를 보고 물고기들이 재미있게 놀고 있다, 즐기고 있다고 말했다.

이 말을 들은 혜시가 대뜸 탓했다.

"이 보게. 자네는 물고기가 아니잖는가. 물고기도 아니면서 물고기가 노는 지 즐기는 지를 어떻게 알아?"

그렇다. 그렇다면 물고기들은 몸살을 하고 있는지도 모른다. 그러나 이 의론에 대해 장자는 곧 반박했다.

"그렇지, 난 물고기는 아니지. 그러나 자네는 내가 아니므로 내가 물고기의 마음을 알고 있는지, 어쩐지는 자네도 알 리가 없지."

이렇게 혜시의 말을 되받았다. 그래서 여러 가지로 의론을 펼쳤는데, 끝에 가서 장자는

"부탁하네, 그 근본을 따르세."

라고 하며 의론을 끝냈다.

그 의미는 근본에 입각해서 의론하는 것이 좋다, 도대체 네가 나에 대해 물고기의 마음을 알 리가 없다고 탓하는 순간, 이미 너는 내가 물고기의 마음을 알 수 있다는 걸 시인한 셈이라는 뜻이다.

이 표현은 좀 이해하기 어려울지 모르나 그때 장자의 생각을 혜시가 너는 물고기의 마음을 알 수 없다라고 한다면, 그 순간에 혜시 자신은 장자의 심중을 헤아리고 있다는 사실을 시인한 셈이 된다.

만약 A라는 자가 B라는 자의 마음 속을 알고 있다는 전제를 허용한다면, 이번에는 장자가 자신에게는 없는 물고기의 마음을 알고 있었다는 것도 허용하지 않으면 안 된다는 뜻이다.

이러한 의론에서 보듯이 장자는 한편으로 가불가는 일관한다느니, 사람들의 의론은 병아리 울음소리와 같다고 하면서도 본인 스스로는 앞에서 설명한 바와 같이 명가의 다변을 즐기고 있었던 것이다.

명가의 태두泰斗인 공손룡조차도 장자에 대해서 만큼은 손을 든 것 같은 말장난으로 득의만면하고 있다.[추수 : 秋水]

위모魏牟의 가르침

어느날 공손룡이 위모魏牟라는 사람을 찾았다. 거기서 그는 이렇게 말한다.

"나는 어렸을 때부터 선왕의 도를 배웠고 장성해서는 인의 도덕의 가르침도 배웠다. 그리고 명가의 이른바 견백동이堅白同異의 설도 연구했다. 이렇게 해서 나는 인간으로서 닦아야 할 모든 수양을 마쳤다. 그러므로 나로서는 더 이상의 수양은 필요치 않다고 생각하고 있다. 그런데 요즘 장자라는 사람을 만나보았는데, 그의 말은 너무 막연해서 알아들을 수가 없다. 그의 말을 듣는 순간 나는 당황하지 않을 수 없었다. 도대체 그 장자라는 사나이는 어떤 사람인가?"

이때 위모는 책상에 기대 앉아 방자한 태도를 취하고 있었는데, 하늘을 쳐다보며 껄껄 웃으며 그대와 같은 하잘 것 없는 인간이 위대한 장자에 대해 말한다는 것은 마치 허물어져가는 우물 한구석에 오므리고 앉아 있는 개구리가 망망한 동해에서 노닐고 있는 커다란 거북이를 향해 말을 건네는 것과 흡사하다. 우물 안 개구리는 그 안에서만 이리 뛰고 저리 뛰고 있을 뿐이다. 그러면서 곁에 있는 올챙이들을 바라보며 그들에 비해 자기가 훌륭한 체 뽐내고 있다고 내뱉듯이 말했다.

그리고 그는 이렇게 말끝을 맺었다.

"그런 개구리가 어느날 동해에 사는 커다란 거북이에게 하는 말이, 어떤가 나에게 놀러오지 않겠느냐는 청에 그 거북이가 우물로 와서 가만히 발을 들여밀었더니 아니나 다를까 무릎 밖에 들어가지 않았지. 그래서 거북이는 개구리에게 동해가 얼마나 큰 곳인가를 얘기하기 시작했다네."[추수 : 秋水]

대롱을 통해서 하늘을 보다

동해의 큰 거북이가 말했다.

동해 바다는 옛날 우禹시대에 10년간 큰 물이 있었지만, 조금도 물이 불어나지 않았다. 또 은殷 나라 탕왕 때는 9년 동안이나 큰 가뭄이 들었지만, 그 때문에 물이 줄어드는 일도 없었다. 이토록 동해는 크고 넓다는 말을 듣고 개구리는 비로소 자신이 얼마나 작은 존재인가를 깨달았다.

그런데 지금 네가 장자의 말을 듣고 놀란 것도 꼭 우물 안의 개구리 같은 존재가 아니냐고 말했던 것이다.

이때 다음과 같은 말이 있다.

'대롱을 통해서 하늘을 보고 송곳으로 땅을 파다.'

즉 너희들이 장자의 위대함을 재려고 하는 것은 마치 작은 대롱을 통해서 그 구멍에 나타난 하늘을 보고 끝이 뾰족한 송곳으로 땅을 찌르는 것과 흡사하다. 이른바 '우물 안 개구리'라는 말은 여기서 나온 격언이다.[추수 : 秋水]

한단邯鄲의 걸음을 배우다

위모는 공손룡에게 이루지 못할 것은 아예 생각하지 않는 편이 낫다면서 다음과 같은 말을 했다.

'미득국능未得國能인데, 기실고행基失故行이라.'

즉, 아직 그 나라의 풍속을 익히기도 전에 자기의 옛 풍속을 잃어버린다는 뜻으로서 오르지 못할 나무는 쳐다보지도 말라는 어리석음을 탓하는 말이다.

옛날 연燕 나라 서울 수릉이라는 곳에 한 젊은이가 살고 있었다. 그는 시골과 같은 연 나라에서 멀리 조趙 나라의 화려하고 번잡한 서울 한단으로 갔는데, 그곳 청년들은 모두 명랑하고 여유있는 으젓한 걸음걸이를 하고 있었다. 이를 본 그는 그것이 좋아 보여 열심히 걸음걸이를 배우는 동안에 자기의 원래 걸음걸이까지도 까맣게 잊어버렸다.

위모는 이 말을 인용하여 공손룡에게 이루지 못할 것은 아예 하지 않은 편이 낫다고 가르친 말이다.

오늘날에도 자기의 고유한 것을 버리고 새로운 유행의 실태를 완전히 파악하지 못하는 행위를 가리켜 '한단의 걸음을 배우다'라고 하는데, 이런 까닭에서 생긴 말이다. 현대를 살아가고 있는 우리들이 깊이 되새겨 볼만한 말이다. 무턱대고 유행을 쫓는 꼴불견이나 외제라면 물건이든 문화든 간에 사족을 못 쓰는 족속들에게는 뜻깊은 타이름이 아닌가 한다.

아무튼 장자는 이와같이 명가의 태두 공손룡을 꼼짝 못하게 하고, 한편으로는 그걸 자랑으로 알고 있는 모습을 생각하면 그 역시 명가와 다를 바 없이 의론을 좋아했던 사람인 것 같다.

그렇듯 가불가 일관, 의론의 무용無用을 설하고 있으니 좀 이상한 생각이 들기도 한다.[추수 : 秋水]

양보를 잘 하면 흥하고 양보를 잘못하면 망한다

선악의 문제에 대해 장자는 무엇보다도 시기와 장소, 그 관계에 대해서 의론을 시작한다. 그의 설에 따르면 똑같은 행동이라도 때에 따라 선악의 평가가 다르다는 것이다. 즉 모든 행위는 때의 제한을 받아 선도 되고 악도 된다. 처음부터 부동不動의 선악이란 없다는 것이 그의 주장이다.

옛날에 요순이라는 두 성천자가 있었다. 요임금은 임금 자리를 순임금에게 이양하고, 순임금은 또 우왕禹王에게 이양했다. 이 두 사람은 양보함으로써 훌륭한 천자가 되었다. 그래서 양보는 미덕의 기준이 되었다. 그런데 같은 양보라도 지쾌之噲라는 왕의 경우는 다르다.

지쾌는 연 나라 임금인데, 이 지쾌에게 어느날 유명한 변설가 소진蘇秦의 동생 소대蘇代라는 사람이 제 나라로부터 찾아왔다. 지쾌의 아들 자지子之는 소진의 사위다. 그래서 소대는 임금 지쾌에게 말했다.

"옛날 요임금은 왕위를 순임금에게 양보했지요. 양보한다는 것은 미덕입니다. 어떤가요. 마마도 그 자리를 양보하심이……"

이렇게 해서 억지로 자지에게 왕위를 물려주게 했다. 그런데 이 자지라는 사람은 백성들로부터 반발을 샀다. 아버지가 왕위를 양보했다 해서 그걸 덥석 받는다는 건 너무 비정하지 않느냐는 이유였다. 그래서 백성들은 새 임금 자지를 반대하자 나라는 벌집을 쑤셔놓은 듯 혼란스러워 할 수 없이 지쾌는 연 나라에서 쫓겨났다.

즉, 한쪽의 요순은 왕위를 양보함으로써 훌륭한 덕왕이 되었지만, 다른쪽의 지쾌는 왕위를 양보하여 오히려 그 지위를 잃었다. 같은 겸양의 덕이라도 때와 경우에 따라서는 선악의 공과가 달라진다는 것이 장자의 의론이다.

또 양보의 반대인 다툼에 대해서도 마찬가지다. 은 나라 탕왕, 주 나라 무왕 등은 모두 전에 섬기던 조정과 싸워서 왕자가 되었다. 하 나라 걸왕이 너무 난폭했기에 은 나라 탕왕은 이와 싸워 멸망시켰다.

또 은 나라 주왕도 너무 포악했기 때문에 주 나라 무왕이 이와 싸워서 몰아냈다. 이렇게 해서 탕왕과 무왕은 거뜬히 왕위에 올랐는데, 그와는 반대로 같은 다툼을 했어도 실패한 예도 있다. 그것은 초 나라 백공의 경우다.

이 백공은 초 나라 평왕의 손자로서 태자 건建의 아들인데, 평왕은 진秦 나라 왕녀를 아내로 삼아 그녀를 총애한 나머지 태자 건을 멀리 했다. 그래서 태자는 정 나라로 도망 가서 거기서 여자를 만나 승勝이라는 아들을 낳았다. 그가 백공이다.

이렇게 해서 승이라는 사람은 한때 초야에 묻혀 있었는데, 초 나라 영윤|令尹 : 대감| 자서子西라는 사람이 이를 맞이하여 귀국하자, 백읍白邑을 봉했으므로 백공은 영주가 되었다. 그런데 백공이 정 나라에 대해 자기 아버지를 푸대접했다는 앙심을

품고 치게 되는데, 이 싸움에서 백공은 참패하고 말았다. 이것은 다투다가 오히려 망해 버린 자의 예다.

이와같이 선악은 때에 따라 차이가 있다. 이와같이 양보해서 제왕이 된 사람도 있고, 기꺼이 양보했어도 망해 버린 자도 있으며, 이와같이 다투어서 왕자가 된 사람이 있고 망한 사람도 있다.

요컨대 도덕은 시세에 따라 선악의 공과가 달라서 같지 않다. 그런데 이에 얽매임은 얼마나 어리석은 일이냐는 것이 장자의 생각이다.[추수 : 秋水]

큰 도둑도 도덕을 쓴다

장자는 다른 방면에서 도덕 부정의 논을 펼친다. 그것은 도덕을 악용하는 악인이 세상에 너무 많기 때문에 결국 도덕은 나쁜 결과로 나타난다는 것이다.

우리들은 선을 좋아하고 악을 미워하지만, 과연 악인도 도덕을 이용하지 않는다고 단언할 수 있는가. 만약 도덕이 악인들에 의해 이용된다면 나쁜 결과를 불러옴은 당연하다.

이를테면 제 나라의 전성자田成子가 자기 나라를 멸망시킨 경우를 생각해 보자. 춘추시대부터 전국시대에 걸쳐서 제 나라는 가장 번영한 국가였다. 그런데 전성자가 도덕을 이용하여 제 나라를 빼앗았다.

더욱이 제 나라를 빼앗을 때, 그는 국토와 백성을 빼앗은 것만 아니라, 나라를 다스리던 도덕, 제도, 법률 등 모든 문화까지도 송두리째 겁탈한 것이다.

그런데 전성자는 나라를 겁탈하였으니 틀림없이 도적은 도적인데, 오히려 그에 의해 나라가 훌륭하게 다스려졌다. 그래서 자신은 요순같이 평안했고, 작은 이웃나라의 비난도 받지 않고 큰 나라로부터 침략을 받지 않으며, 12대라는 긴 세월에 걸쳐 태평을 누렸던 것이다.

즉 도덕은 악인에게도 활용됨을 뜻함이다. 이렇게 해서 장자는 큰 도적인 도척盜跖과 그 부하인 악인들의 문답을 들어 자기의 설이 정당하다는 걸 증명하려 한다.[거협 : 胠篋]

도척盜跖의 다섯 가지 덕

천하의 큰 도둑 부하들은 어느날 우두머리 도척을 향해 도둑에게도 도덕이 있느냐고 물었다. 그러자 도척은,

"물론이지. 어느 사회에나 도덕은 있는 법이지. 우리들 도둑에게는 다섯 가지 도덕이 있다. 첫째, 남의 집 창고를 살필 때 그 안에 어떤 물건이 있는가를 먼저 알아본다. 이것은 성聖, 즉 깨달음이라는 거다. 이를 알았으면 남보다 먼저 들어간다. 이것이 용勇이다. 그리고 창고에서 나올 때는 누구나 빨리 도망 가려는 것이 인지상정인데 끝까지 머물러 있다가 맨 나중에 나온다. 이는 동료들에 대한 의義다. 훔친 물건의 좋고 나쁨을 판단하는 것은 하나의 지知이다. 그리고 훔쳐온 것을 동료 도둑들에게 골고루 나눠준다. 이는 인仁을 말함이다. 이렇듯 성, 용, 의, 지, 인의 도덕이 갖춰져 있지 않으면 큰 도둑이 될 수 없다."

라고 가르쳐 주었다.

도척은 다시 말을 잇는다.

"세상에는 선인善人이 많은가, 아니면 악인惡人이 많은가. 생각해 보면 선인은 적고 악인이 더 많은 것 같다. 그렇다면

선인이 도덕을 활용하는 경우는 적고 악인이 도덕을 이용하는 기회가 많아지게 된다. 그러니까 도덕은 세상에 해를 끼치는 일이 많다는 것이다."

물론 지나친 궤변이기는 하지만 어리석은 자에게는 그런대로 해 볼만한 설명이다.[거협 : 胠篋]

노 나라의 술이 싱거워 한단이 포위되다

'노주魯酒가 싱거워서 한단이 포위되다.'

이는 도척의 말이다.

이 말은 한쪽에 일이 생기면 생각지 않은 다른 곳에 영향을 미친다는 비유다. 도덕이 행해지면 악인이 이득을 본다. 이 말은 좀처럼 납득이 가지 않는 말이지만 결과는 틀림없이 그렇게 된다는 것이다.

옛날 초 나라 선왕宣王은 매우 독선적이어서 천하의 제후를 모두 불러들였다. 그런데 그 당시 노 나라 공왕恭王이 다른 제후들보다 늦게 왔으며, 게다가 선물로 가져온 술이 매우 싱거워서 맛이 없었다. 그래서 선왕은 크게 화를 내며 결국 노 나라를 치게 된다.

마침 그 무렵, 위 나라 혜왕惠王은 초 나라를 침략할 야심을 가지고 있었는데, 노 나라가 항상 초 나라 편이었기 때문에 그 기회를 잡지 못하고 있었다. 그런데 이번에는 노 나라가 초 나라의 침공을 받게 되어서 달리 생각할 틈이 없었다. 이런 틈을 타서 위 나라 혜왕은 쉽게 초 나라 서울 한단을 포위했다. 결국은 노 나라의 술이 싱거웠기 때문에 가능했다는 얘기다.

장자가 말하고자 하는 뜻은, 요컨대 도덕은 악인도 이를 이용할 수 있다는 것이며, 게다가 세상에는 선인보다 악인이 훨씬 더 많으므로 도덕은 선을 행하는 일보다 악을 저지를 기회가 더 많을지도 모른다는 것으로 선악도 일관一貫으로 생각해 가지 않으면 안 된다는 의론을 내세우고 있음을 알 수 있다.

그리고 장자는 그가 쓴 「도척盜跖」에서 공자도 항상 도척 때문에 손을 들었다는 우화를 인용하고 있다. 그 역시 선악일관善惡一貫 논리의 일단이다.

공자는 교위巧僞한 사람

공자는 유하계柳下季와 친한 친구 사이인데, 큰 도덕인 도척이 실은 유하계의 친동생이었다.

도척은 매우 무자비한 도둑으로서 남의 말, 소, 돼지, 심지어는 아내나 딸까지도 훔쳐간다. 그야말로 구제불능의 난폭한 사나이므로 백성들도 그에 의해 말없는 고통을 겪고 있었다. 그래서 공자는 유하계에게,

"아니, 자네는 형으로서 동생을 가르칠 수 없는가?"

하고 물었다. 그러나 유하계는,

"글쎄, 나도 그런 생각을 하지 않은 건 아니지만, 아무래도 저 동생은 보통 사람이 아니거든. 마음은 솟아나는 샘물과 같고 생각은 표풍|飄風 : 회오리 바람|과 같지. 그의 강인함은 적을 막을 만하고 변설은 비|非 : 나쁜 일|를 감쌀 정도네. 그리고 제 마음에 따르는 자를 좋아하고 거역하는 자는 싫어하지. 선생도 그곳에 가면 아니되네."

라고 충고하는 것이었다.

그러나 의義에 사는 공자는 그 말을 듣지 않고 문하인들을 데리고 그를 만나러 갔다. 가 보니 도척은 큰 산 기슭에 진을

치고 마침 사람의 간을 날로 먹으려는 중이었다. 눈빛은 샛별과 같고 머리카락이 관冠을 찌르는 험악한 인상이다. 그리고 공자를 향해서 내뱉듯이 말했다.

"너는 노 나라의 교위한 사람 공구孔丘인가. 넌 땅을 일구지도 않으며 먹고, 천을 짜지도 않고 입는다. 게다가 천하의 명예를 탐내고 있다. 냉큼 돌아가라! 만약 돌아가지 않으면 네 놈의 간을 꺼내 먹어버리겠다!"

이렇게 공자에게 갖은 험담과 비방을 퍼부었다. 이에 대해 공자는 도척의 뛰어난 미모와 지식과 용기를 칭찬하며 앞으로 마음을 고쳐 훌륭한 사람이 되라고 타일렀으나 도척은 막무가내로,

"바로 코 앞에서 사람을 칭찬하는 놈은 언젠가는 뒤돌아서 욕을 할 인간이다. 너의 그런 입방아에 넘어갈 줄 아는가!"

라고 오히려 호통을 치며 또 말을 잇는다.

"도대체 성인이라는 작자들, 이를테면 요나 순, 은 나라 탕왕, 주 나라 무왕 등은 모두가 신통치 않아. 지금 네놈도 여러 가지 옳지 않은 말을 떠벌리고 행동하면서 천하의 인군을 현혹하고 그걸로 부귀를 찾고 있다. 도적으로 말하면 오히려 네놈이 한 수 위다. 그런데 세상에서는 어째서 네놈을 도구盜丘라 하지 않고 날더러 도척이라고 부르는지 몰라."

이렇게 반은 비웃고 반은 매도하였다.

끝으로 도척이 가르친 것은 인간은 제아무리 오래 살아봤자 상수 백세上壽百歲, 중수 팔십中壽八十, 하수下壽 육십에 지나지 않는다. 그 짧은 인생에 입을 벌려 웃는 날이 과연 한 달에 몇 번이나 될지. 그걸 생각하여 즐겨야 할 때는 즐기는 것이 참다운 인간이 아닌가.

도덕이니 인의니 하며 떠들어 봤자 무슨 소용이 있느냐고 공자를 호되게 나무랐던 것이다.

장자의 글에 따르면 이 말을 들은 공자는 망연자실했다고 한다. 그 길로 수레를 돌려 도척의 형인 유하계를 만났는데, 그는 오직 한마디 말로,

"자네 또 내 동생을 만났구먼."

하며 탄식했다는 것이다.

이것으로 '도척'의 내용은 끝나는데, 요컨대 선악에는 기준이 없다는 걸 말하고 싶은 것이 장자가 노리는 점이 아닌가 생각된다.

장자, 부인이 죽자 편안한 마음으로 뒹글다

시대는 불분명하나 어느날 장자는 그가 사랑하던 아내를 잃었다. 그래서 친구인 혜자가 조문을 가게 되었는데, 가 보니 장자는 슬퍼하기는커녕 조금도 애통하는 기색이 보이지 않았다. 『장자』에 이 때의 모습을 '기거|箕踞 : 다리를 쭉 뻗음|'라고 씌어 있는 걸로 보아 아마 내키는 대로 앉아 있었던 모양이다. 그리고 분|盆 : 나무로 만든 악기|을 두들기며 노래까지 부르고 있었다고 한다.

이 꼴을 본 혜자는 기가 막혀 그를 나무랐다.

"여보게. 생각해 보게. 부인은 오랜 동안 자네를 따라 동고동락하지 않았는가. 그리고 자네 아이들을 기르며 갖은 고생을 하지 않았는가. 소중한 부인이었지. 그런데 그 꼴이 뭔가. 곡은 못 할지라도 분을 두들기며 노래를 부르다니."

그러자 장자는 천연스럽게,

"아닐쎄. 그게 아니야. 물론 아내가 죽은 그 자리에서는 나도 어안이 벙벙했어. 그러나 곰곰이 생각해 보니 인간은 그 시초에 살아있지 않았다는 걸 깨달았네. 그 뿐만 아니라 형태도 없었지. 그러던 것이 시간이 흐름에 따라 점점 기氣가 생기고 이어서 형태가 생겨 인간의 생활이 시작되어 왔지. 그런 것이 오늘 갑자기 죽음이라는 곳으로 가 버린 거네. 생각해 보면 그것은 꼭 춘하추동 사시절이 번갈아 찾아드는 것과 같지 않은가. 뿐만 아니라, 지금 우리집 사람은 가까스로 갈 곳으로 간 걸세. 그런데 왜 굳이 슬퍼할 필요가 있겠는가. 그걸 슬퍼한다면 내가 아직 천명이라는 걸 모르는 셈이 되지."

그때 장자는 언연|偃然 : 태연히 시름없이|히 거실|居室 : 커다란 방|에 뒹굴다는 문구로 쓰고 있다. 부인이 죽었는데 편한 마음으로 커다란 방에서 뒹굴었다고 씌어 있는 것이다. 상당히 엉뚱한 말 같지만 본인으로서는 어쩌면 석가모니가 열반에 든 것 같은 느낌이었던 모양이다.

아무튼 장자는 아내의 죽음을 당하여 이런 태도를 취했던 것이다. 좀 과시한 내용 같지만 상당히 삶에 대한 철저한 생각이라고 보아야 할 것이다.[지락 : 至樂]

없음을 목, 삶을 등, 죽음을 꼬리로 본다

어느날 자사子祀, 자여子輿, 자리子犁, 자래子來 네 사람이 모였다. 이들은 모두 생각이 엉뚱한 사람들이다.

그들이 말하기를

"어때, 이런 걸 한번 생각해 봄이 어떨까? 무無로써 목을 삼고, 생生으로써 등을 삼고, 죽음으로써 꼬리를 삼는다. 즉 없는 것을 목으로 하고, 사는 것을 몸으로 하고, 죽는 것을 꼬리로 하면 어떨까?"

그러니까 머리가 무無이며, 동체가 생生이며 엉덩이가 죽음死인 인간을 생각해 보자는 의견이다.

이를 더 쉽게 말하면 무한의 세계에서 나왔다가 다시 무한의 세계로 태연하게 돌아가는 인간에 대해 생각해 보자는 말인데, 사생일조|死生一條 : 삶과 죽음은 한 가닥 줄|의 생각을 더 철저히 해 보자는 뜻이다.

만약 그런 사람이 세상에 나온다면 그야말로 자기들의 참다운 벗이 아니겠는가 하면서 서로 쳐다보며 웃었다는 것이다.

그와 같은 기쁨의 심정을 '마음에 거역하는 일이 없다'라고 표현하고 있는데, 이것이 '막역지우|莫逆之友 : 아주 친한 친구|'

라는 성어成語의 기원이다.

이렇게 해서 이들 네 사람은 생사를 초월한 나날을 보냈다는 것이다.

장자는 여러 곳에서 사생死生란 한 가닥 줄이라는 말을 하고 있다.

장자의 생각에 따르면 인간의 삶과 죽음은 마치 필름과 같아서 앞뒤에서 똑같이 비쳐 보이는, 즉 한 가닥 줄이라는 것이다. 그런데 우리는 다만, 그 필름의 조명을 받고 있는 부분만을 생生이라고 생각하고 있는데, 실은 조명 받기 이전의 부분에도 영상이 있고 이후의 부분에도 영상이 있다. 그러므로 앞뒤에 의해 생과 사의 구별이 있다고 생각함은 잘못이라는 것이다.

장자는 또 인간의 삶과 죽음은 마치 낮과 밤, 사계절의 순환과 같다고 생각한다. 이러한 사상은 『장자』 속의 여러 곳에서 찾아볼 수 있는데, 이와 같은 생각을 가진 장자이므로 사실 그는 사생의 갈림길에서도 마음을 흔들리지 않았다.[대종사 : 大宗師]

때에 순응한다

이들 네 친구 중에 자여子輿가 갑자기 병이 들었다. 그래서 친구인 자사가 문병을 가게 되었는데, 그는 틀림없이 병 때문에 슬퍼할 줄 알았으나, 웬걸 자여는 조금도 괴로워하거나 속상해 하지 않았다.

그는 이렇게 말하는 것이었다.

"위대한지고 조물주造物主, 천지의 신들은 위대하다. 지금 나를 이런 모습으로 만들었으니……"

그는 자기의 명을 남의 일처럼 독백하고 있었는데, 그런 자여의 몸은 이미 꼽추처럼 오그라져 있었다. 그러니까 몸 속의 오관|五管 : 오장|이 모두 거꾸로 되어 있는 모습이다.

턱은 아래쪽으로 쳐져서 배꼽을 덮었고 어깨는 목덜미보다 높이 올라가 있어서 전혀 사람의 모습이 아니다. 몸이 모두 거꾸로 되어 있는 형상이다.

그 정도로 심한 병을 앓고 있으면서도 본인 자신은 태연하기만 하여 아무 일도 없었던 것처럼 말하며 우물에 비친 자신의 일그러진 모습을 보고 있었다. 그러면서,

"아니! 저 조물주, 나를 이런 모습으로 만들었는가!"

라고 울부짖듯 입을 열었다. 그것을 들은 자사가

"아니 자네, 그걸 슬퍼하는가?"

하고 묻자, 그는

"아닐세, 별로 슬퍼하는 건 아니야. 나를 어떤 모습으로 바꾸던 그건 신의 뜻이지."

라고 태연히 말했다. 그리고 말을 이어

"신이 내 몸을 바꾸어 나의 왼팔을 닭으로 만들지도 모르지. 좋아, 닭으로 만들면 나는 때를 알리리라. 또 나의 오른팔을 화살로 만든다면, 나는 날아가서 비둘기를 맞추어 그 비둘기를 구어서 먹겠네. 또 나의 엉덩이를 수레바퀴로 만들고, 나의 정신을 말로 바꿀지도 모른다네. 그래도 좋지. 그러면 나는 그 마차를 타고 사방을 달리기로 하지. 나를 어떻게 하든 그건 신의 뜻대로지만, 나는 그로 말미암아 별로 걱정할 것 없네."

라고 태연스럽게 말하는 것이었다.

그리고 끝으로

"얻는 자는 때이고, 잃는 자는 순順이다. 때에 따르고 순에 따르면 애락哀樂도 들어가지 못한다."

라고 말했다.

좋은 말이다. 여기서 '얻는 자는 때'라는 말은 우리가 생명을 얻어 이 세상에 나옴은 오직 때를 얻었기 때문이라는 뜻이다. 그리고 '잃는 자는 순'이라는 말은 생명을 잃음은 오직 떠나야 할 차례가 왔다는 말이다.

그 때를 기다리고 그 차례를 따름에 거슬리지 않으면 슬픔도 기쁨도 있을 리가 없다는 것이다. 사생死生의 경우에 처해서 이 정도의 여유가 마음에 머물 수 있다면 인간으로서의 깨달음은 더 이상 없다.

불교의 『수증의修證義』에서도

'생生을 밝히고 죽음을 밝힘은 불가 일대사一大事의 인연이다.'

라고 하는데, 생사의 해탈은 고승 대덕高僧大德들까지도 상당히 고심하는 바다. 그런데 장자는 이미 생사 속에 부처를 갖고 생사 없는 경지에 도달해 있는 것 같다.[대종사 : 大宗師]

죽음이란 거꾸로 매달린 것이 풀리는 것과 같다

장자는 죽음에 대해 다음과 같이 말한다.

'옛날부터 말하기를 이른바 현해|懸解 : 거꾸로 매달린 것이 풀림|다.'

인간의 죽음은 거꾸로 매달린 것이 풀리는 것과 같다고 말한다. 과연 인간은 살아 있는 동안은 거꾸로 매달린 것과 같은 모습인지도 모른다.

그러므로 거꾸로 매달려 있는 동안은 여러 가지 고통이 있고 고민도 따른다. 그러나 한 번 죽어버리면 그 고통이 풀릴 것이니 오히려 행복해질지 모른다.

그는 또 말을 잇는다.

'매달려서 스스로 돌지 못함은 이를 묶는 매듭이 있기 때문이다.'

우리들은 애써 거꾸로 매달려 있는 것을 풀려고 하는데, 이를 풀지 못하게 하는 것은 물욕으로 하여 마음이 묶여 있기 때문이다.

그는 또 말을 이어

"어차피 우리들 인간, 또는 만물이라는 것은 하늘天命에 이

길 수 없다. 그러므로 나는 지금 당장 죽는다 해도 조금도 고통스럽지 않다."

라고 태연하게 의론하고 있었다 하니 놀랍기도 하고 두렵기까지 하다.

그러므로 죽음을 당하거나 사는 것 모두는 같으므로 죽어도 좋고 살아도 좋다는 생각, 즉 사생을 초월할 수 있는 사람은 결코 많지 않다. 그런데도 모든 차별을 철회하려 했던 장자는 결국 이 사생까지도 같은 것으로 생각하기에 이르렀다.

이미 삶과 죽음을 하나로 생각했다면, 그 다음의 총욕[寵辱 : 사랑 받음과 미움 받음], 영고, 성쇠도 모두 같다는 생각이다.

화化를 놀라게 하지 말라

자여와 자사의 문병에 이어 이번에는 친구 자래子來가 갑자기 병이 들어 앓아 누웠다. 게다가 천천연[喘喘然 : 숨이 참]하여 숨이 거의 넘어가는 지경에 이르렀다. 그래서 온 집안이 소동을 일으켜 자래의 아내나 자식들은 환자를 둘러싸고 울고 불고 야단 법석이다. 여기에 자리가 문병을 왔다.

그런데 이 자리는 보통 사람이 아니어서 슬퍼하는 식구들을 돌아보며 이렇게 말했다.

"시끄럽다. 저리 비켜라. 화化를 놀라게 하지 말라!"

여기서 화化란 다툰다는 뜻으로 자래가 지금 죽는 순간 딴 것으로 둔갑한다는 뜻인데, 이를 놀라게 하지 말라는 말이다.

친구가 죽어가는 걸 보고 둔갑한다고 하니 그 철저함은 놀랍기만 하다. 마치 누에가 번데기로 다투고 번데기가 나방이 되는 변화로 생각했던 것이다.

인간의 사생死生을 이렇게 처절하게 느낀다면 과연 슬픔이나 기쁨 같은 감정이 거기에 끼어들 틈도 없을 것이다.

자리는 다시 말을 이어

"위대하고녀, 조화造化여…"

즉, 천지 조화는 위대하다고 경탄하고 있다.

도대체 앞으로 너를 어디로 데려가서 무엇을 하려고 하는가? 너는 도대체 어디로 갈 것인가? 신은 너를 생쥐의 간으로 만들어 버릴지도 모른다. 벌레의 쭉지로 만들지도 모른다. 그러나 쥐에는 간이 없고 벌레에는 쭉지가 없다.

결국 천지의 신은 너를 세상에도 없는 아주 귀하고 불가사의한 것으로 만들지도 모른다는 야릇한 심경에 사로잡혔던 것이다.[대종사 : 大宗師]

죽음으로 나를 편안히 쉬게 하라

자리가 한 말에 대하여 죽음을 앞에 둔 자래의 대답은 주목할 만하다.

"자식들은 부모가 하는 말이라면 무엇이나 들어야만 한다. 동쪽으로 가라 하면 동쪽으로 가야 하고, 서쪽으로 가라 하면 서쪽으로 가야 한다. 남과 북쪽도 마찬가지다. 무조건 부모의 명령대로 따르는 것이 자식의 의무다. 그와 마찬가지로 천지 음양인 기氣의 명령에 따르는 것이 인간의 의무가 아니겠는가.

지금 음양의 기가 나를 죽음으로 가까이 하고 싶은 것이다. 그것을 내가 따르지 않는다면, 마치 부모 말을 듣지 않는 자식과도 같지 않은가?"

그리고 그때 한 말이 더 유명하다.

"대괴|大塊 : 천지, 큰 덩어리|가 나를 싣는데 형태로써 하고, 나를 심로케 하는데 생生으로써 하고, 늙음으로써 나를 피로하게 하고, 나를 쉬게 하는데 죽음으로써 한다.'

즉 천지의 신들은 우리에게 생명이라는 것을 주셨고 살아 있는 동안은 우리들에게 노고를 주셨다.

또한 인생에 지치면 늙음이라는 것을 주셔서 그 몸을 편히 쉴 수 있게 하신다. 그리고 끝에 가서는 우리를 쉬게 하기 위해 죽음을 주셨다는 것이다. 그야말로 명문이 아닌가.[대종사 : 大宗師]

천지는 쇠를 녹이는 큰 화덕이다

자래子來는 다시 말을 잇는다.

"하늘의 신이 우리를 만듦은 마치 대장장이가 쇠붙이를 주형에 넣어 물건을 만드는 것과 같다. 한 번 대장장이의 손에 걸리면 쇠붙이는 어떤 모양으로든지 그의 뜻대로 만들어진다. 그런데 지금 주형에 부은 쇳물이 밖으로 튀어나와 기필코 막야|鏌鎁 : 오 나라 명검 이름|가 되었다. 그렇지 않고 아무것도 되고 싶지 않다면 대장장이가 볼 때는 이 쇠붙이야말로 매우 골치 아픈 물건으로 취급될 것이다. 즉 불상|不祥 : 좋지 않음|한 쇠붙이임이 틀림없다. 그와 같이 하늘의 신이 우리들을 이 세상에 인간이라고 하는 형태로 만들어 놓았다가 일정한 시기가 되면 그 형태를 걷우려고 하는데, 나만 언제까지나 인간으로서 살아남겠다고 고집을 부리면 천지의 신이 볼 때는 그야말로 불상한 인간으로 보여질 것이 아니겠는가."

그리고 끝으로 그는

"천지로써 대로|大鑪:큰 노|로 하고 조화造化로써 대야|大冶 : 훌륭한 대장장이|로 한다면 어디로 간들 불가不可하지는

않을 것이다."

라고 말을 맺는다.

즉 천지란 쇠붙이를 녹이는 하나의 큰 화덕이다. 또한 조화의 신은 화덕을 다루는 뛰어난 대장장이다. 그 화덕 속에 들어간 만물은 생사존망生死存亡의 모든 것을 대장장이의 뜻에 맡기는 것이 좋다. 그렇게 하면 어디를 가든 안심할 수 있다.

그러니까 인생을 자연에 맡기라. 그렇게 하면 생사의 번거로움이나 두려움, 걱정도 없어진다는 뜻이다.[대종사 : 大宗師]

죽음이란 너무 어려서 고향이나 부모를 잃고 돌아갈 줄 모르는 사람과 같다

장자는 어느날 죽음에 대해 설명하면서 '죽음이란 약상[弱喪 : 어려서 고향이나 부모를 잃음]하여 돌아갈 줄을 모르는 자'라고 말하기도 했다.

너무 어린 나이에 고향이나 부모를 등진 나머지 고향과 부모를 잊어버린 경우와 같은 것이 죽음이라는 뜻이다.

노장 이외의 가르침에도 생즉기[生則寄 : 삶이란 더부살이], 사즉귀[死則歸 : 죽음은 곧 돌아가는 것]이라는 말이 있다. 살아있다는 것은 이 세상에 몸을 더부살이시키고 있음이며, 죽는다는 것은 진정 갈 곳으로 돌아간다는 생각이다.

다만, 장자는 이 생각을 강조하면서 죽는 것이 오히려 행복할지도 모른다고 설하는데 특징이 있다.

어쩌면 이런 생각도 일리가 있는지 모른다. 우리는 죽을 때까지는 죽고 싶지 않다고 하며, 죽으면 안 된다고 되뇌이지만, 한번 죽어보면 그것이 오히려 다행인지도 모른다.[제물론 : 齊物論]

여희麗姬에 대한 비유

춘추오패春秋五霸의 한 사람인 진 나라 문공의 총애를 한몸에 모았던 여희는 원래 여융이라는 오랑캐의 딸이었기에 처음에는 매우 가난했었다. 그러던 것이 우연한 기회에 진 나라 왕의 눈에 들어 궁중으로 들어가게 되었다.

처음에는 나이가 너무 어려서 부모 곁을 떠나는 것이 슬픈 나머지 하염없이 울기만 했다. 그런데 진 나라 왕에게 가 보니 여기서는 아침 저녁으로 임금과 잠자리를 같이 하고 식사도 함께 하여 음악을 들으면서 여흥을 즐기게 되니 슬픔은 간데 없고 어느덧 유쾌한 생활을 누리게 되었다.

비로소 이제까지 자신의 삶이 얼마나 어리석었던가를 알게 되자, 왜 보다 일찍 이렇게 못 되었을까를 후회하게 되었다.

이와같이 인간도 살아있는 동안에는 죽기가 싫어서 애를 태우지만, 한번 죽어보면 의외로 낙천지이므로 그렇다만 왜, 진작 죽지 않았을까 하고 후회하지 않으리라고 어느 누가 보장할 수 있겠는가. 그래서 장자는,

"내 어찌 저 사자死者도 처음에는 살기 위해 갖은 애를 썼다는 걸 후회하고 있다는 걸 모르겠는가?"

라고 말을 맺고 있다.

그러나 과연 장자 말대로 죽은 후가 그토록 유쾌한 것일까? 이에 대해서는 또 다른 설명이 필요하다.

그 점에 대해서 장자는 촉루[髑髏 : 해골]라고 하는 방증인傍證人을 데리고 와서 자신의 설이 확실함을 설명하고 있다.[제물론 : 齊物論]

장자 해골을 만나다

장자는 초 나라에서 촉루[髑髏 : 해골]을 만났다. 그는 이상한 것이 있다 하며 들고 있던 채찍으로 그것을 꾹꾹 찌르면서 문답을 시작했다.

"도대체 너는 왜 그런 꼴이 되었느냐? 생활에 너무 쫓겨 먹지를 못했기에 그렇게 되었느냐? 아니면, 뭔가 나쁜 짓을 해서 형벌을 받아 그 꼴이 되었느냐? 혹은 착하지 못해 부모처자에게 너의 추한 꼴을 보이기 싫어서 자살이라도 하여 이렇게 되었는가? 그도 아니면 흉년이라도 들어 굶어 죽어서 그 모양이 되었는가? 천리 자연의 수명으로 이런 모양이 되었는지 불쌍하기만 하구나!"

라고 동정을 금하지 못했다.

그런데 그 날은 이미 해가 저물어 장자는 해골을 머리맡에 둔 채 잠이 들었다. 한밤중이 되자, 그 해골이 꿈에 나타나서 이렇게 말했다.

"아까 낮에 너는 마치 궤변만 늘어놓고 세상의 엉터리 책자 같은 말만 했었지? 인생의 번뇌에 괴로워하는 자들은 당연히 그런 어리석은 말을 지껄릴 수도 있겠지. 그런데 우리들

죽음의 세계는 전혀 다르다. 죽음의 세계에는 인생의 번뇌 따위는 눈꼽만치도 없어. 만약 네가 죽음의 세계에 대해 알고 싶으면 가르쳐 주지."

이에 대해 장자는 꼭 그렇게 해 달라고 말하자, 해골은 설교를 시작했다.

해골은 말을 이었다.

"원래 죽음의 세계에는 위에 군주가 없고, 아래에 신하도 없다. 군신 관계, 즉 계급이라는 것이 없다. 춘하추동 사계절의 섭리도 없다. 오직 천리로써 춘추를 삼고 있을 뿐이다. 그러므로 사바세계의 임금의 영화나 즐거움도 우리들의 것만은 못하다."

그러나 장자는 그런 엉터리를 믿을 리가 없으므로,

"뭐라구? 넌 그 주제에 남에게 지기는 싫은 모양이군. 실은 살고 싶겠지. 만약 그것이 사실이라면 내가 사명|司命 : 인간의 목숨을 다루는 임금 : 염라대왕|께 부탁하여 너를 다시 한번 살아나게 하겠다면 어떤가? 그렇게 하면 너도 그전 같은 모습이 되어 살도 붙고 모양도 갖춰질 것이다. 그리고 부모처자에게도 돌아갈 수 있고, 고향의 이웃들도 만날 수 있을 거야. 어때, 한번 해 볼래?"

라고 하자, 해골은 슬픔과 근심에 가득 찬 얼굴로 이마에 주름까지 잡히며 말했다.

"내 어찌 남면왕|南面王 : 옛날에 천자는 모두 남쪽을 향하여 나랏일을 보았다|의 즐거움을 버리고, 다시 인간의 고생을 맛보란 말인가."

현재 해골의 처지가 꼭 천자天子가 남면南面하여 왕위에 앉아 있는 것처럼 평안하고 영화로움을 누리고 있는데, 그런 즐거움을 버리고 다시 인간 세계의 부질 없는 고생은 더 이상 할 수 없다는 것이다.

그러니까 죽어 있는 편이 훨씬 더 즐겁다는 뜻으로 장자가 생각하고 있는 죽음의 세계가 잘 나타나 있다.[지락 : 至樂]

순간에 들고 순간에서 나옴

장자의 스승으로 일컬어지는 열자도 해골을 만난 적이 있었다. 여기서 나눈 대화의 내용은 인간의 생사는 순환한다고 말하고 있다. 한쪽이 죽는다면 다른 한쪽에서는 태어난다.

또한 태어났다고 하면 어느 새 죽는다. 그러므로 인간의 삶과 죽음은 오직 자연의 변화일 뿐이라며, 그 순서를 장자는 「지락편至樂篇」에서 설명하고 있다.

물론 여기 나오는 말은 모두가 우언寓言이므로 사실은 아니지만, 먼저 우주 생물의 시초는 물水을 얻어 계繼라는 것이 생겨난다. 그 계라는 것이 다시 변해서 능석陵舃이 된다. 그것이 또 너댓번 변해서 호접|胡蝶 : 호랑나비|가 된다. 호랑나비가 다섯 여섯 번 변하면 말이 되고, 이 말이 사람을 낳고 사람이 또 거꾸로 기|機 : 순간|로 들어간다.

이렇듯 사생死生을 변화로 보고 끝에 가서는 모든 만물이 기|機 : 순간|로 들어가고 기에서 나온다. 즉 순간으로 들어가 순간에서 나온다고 분명히 단언하고 있다.

이상과 같이 장자의 사생관을 말했는데, 이런 변화는 인간이라면 쉽게 깨달을 수 있다고 말한다. 그래서 장자 자신도 고생을 거듭하여 끝에 가서 이를 깨달았다는 것이다. 그러므로 이 깨달음은 함부로 범부凡夫들에게는 가르쳐 줄 수 없는 것이라 하여 반 농담, 반 진담으로 다음과 같이 말하고 있다.

남백자규南伯子葵와 여우女偊와의 문답이 그것이다.

여우는 여성이라는 설도 있고 그렇지 않다는 설도 있는데, 어쨌든 이 여우에게 어느날 남백자규가 찾아와서 이런 질문을 했다.

"도대체 당신은 연세가 얼마요? 퍽 늙으신 것 같은데 신양[身樣 : 얼굴 빛깔]을 보면 꼭 처녀 같은데요."

그러자 여우는,

"아니예요. 내가 젊게 보이는 것은 오직 도道를 얻었기 때문이지요."

라고 대답한다. 이에 남백자규가

"그러면 그 도를 저도 배울 수 있는지요?"

하고 묻자, 그는

"아니지요. 안될 말입니다. 그건 대답할 수 있는 일이 아니지요. 당신 같은 사람은 쉽게 도를 배울 수 없답니다. 옛날에 복량기卜梁倚라는 사람이 있었는데, 그 사람은 성인이 될 재능은 충분했지만, 아직 성인의 도를 얻지 못했어요. 하지만 나는 이 사람에게 성인이 되는 도를 가르칠 재주가 없었는데도 성인의 도를 지니게 했지요. 그런데도 그 복량기가 나에게 가르침을 받으러 왔을 때 나는 가르쳐 주지 않았지요. 그러니까 상대가 마음을 비우고 어느 정도를 획득하지 않는다면 가르쳐 주지 않습니다. 그런데 사흘쯤 되자, 그 복량기에게 진보하는 기색이 보이기 시작했단 말입니다. 즉 그는 천하를 밖으로 내 보낼 수 있었던 거예요. 그래서 그는 다시 나에게 가르침을 얻으려고 찾아왔지만, 그 때도 가르쳐 주지 않았지요. 그러던 중에 7일이 지났지요. 이번에는 그가 사물을 밖으로 내보낼 수 있었습니다. 그래도 나는 가르치지 않았습니다. 그 뒤로 9일이 지나자 비로소 생生을 밖으로 버릴 수 있어 드디어 깨달음을 얻게 되었지요. 이렇게 깨달음을 얻은 그는 마침내 견독자見獨者가 되었답니다. 그래서 나는 그에게 가르침을 전하게 되었다우."

라고 장황하게 말하면서 함부로 도를 가르칠 수 없다고 고자세를 취하는 것이었다.

그런데 위의 내용 중에 '천하를 밖으로 한다'는 말이 있는데, 이는 세상의 훼예포폄毁譽褒貶이나 세태의 추이, 시세의 변화 등을 도외시하는 일이다. 그러므로 천하를 도외시할 수 있다 해도 자기 몸에 직접 관계가 있는 의식주衣食住 등에 대해서는 갑자기 바꿀 수 없다는 뜻이다.

그러려면 다음의 '사물을 밖으로 할 수 있어야만 한다.' 또 거기까지는 할 수 있다 해도 더 나아가 인생 전체를 없는 걸로 한다는 것은 더더욱 어려운 일이다. 그러나 그것을 할 수 있는 방법이 바로 생을 밖으로 하는 일이다. 이 때는 이미 생사의 번거로움조차 초월해 있는 상태에 이룰 때 비로소 깨달음을 얻어 조철|朝徹 : 깨달음|의 경지에 이른다. 조철의 경지에 이르렀을 때 처음으로 견독見獨할 수 있다.

이른 바 절대 경지에 드는 것이다. 복량기는 그 경지에까지 이르렀다. 그래서 여우는 처음으로 가르침을 전수했다는 이야기이다.

위의 말 중에 '견독見獨'이란 선가禪家에서 말하는 견성見性과 가까운 말인데, 장자는 설명하기를 '생살자生殺者는 불사不

死요, 생생자生生者는 불생不生이다.'라고 했다.

즉 삶에 집착하지 않고 이를 죽여 도외시해 두면 오히려 그 사람은 죽는 일이 없다. 이에 반해 너무 집착이 많아서 삶을 풍요롭게 살려고 애쓰면 애쓸수록 오히려 인생을 다할 수 없다는 걸 가르친 말이다. 그러니까 생사를 초탈하려면 이처럼 어려움을 설명하고 있다.

이상과 같이 여러 가지로 장자의 사생관을 말해 보았는데, 결국 과거를 쫓지 않고 미리 장래를 생각지 않으며, 그때 그때에 순응하는 것이 사생을 초월하는 길이라고 생각했던 것 같다.

그것을 장자는 '불장불역不將不逆'이라는 네 글자로 간단히 표현하고 있다.

장將은 보낸다는 뜻이고 역逆은 맞이한다는 뜻인데, 우리는 과거의 것이 무엇인가로 하여 후회하고 낭패가 무엇일까 하여 부질없는 고민을 하게 되는데, 장자는 지나간 일은 뒤에서 쫓지 않는 것이 좋고 장래의 일은 미리부터 맞이하려 애쓰지 말라고 가르치고 있다.

이런 생각을 할 수 있으면 사생의 번거로움에 고뇌할 필요도 없어진다는 것이다.[대종사 : 大宗師]

칠규|七竅 : 일곱 구멍|를 파서 혼돈을 죽이다

남해에 숙儵이라는 신이 있고, 북해에 홀忽이라는 신이 있었다. 그런데 이 숙과 홀이 우연한 기회에 남북의 중앙에서 혼돈混沌이라는 신을 만났다. 그때 혼돈이라는 신은 매우 정중하게 숙과 홀을 대접해 주었다. 그 호의에 감사하여 숙과 홀은 뭔가 보답할 일이 없을까 상의를 했다.

여러 가지로 궁리한 끝에 눈도, 귀도 코도 입도 없다는 사실을 알고 사람에게는 모두 7개의 구멍이 있는데, 이 혼돈에게는 그것이 없으니 불쌍하다 하여 구멍을 파 주기로 했다. 그렇게 해주면 혼돈은 볼 수가 있고, 들을 수가 있고, 먹을 수도, 호흡할 수도 있을 것이라는 생각에서였다.

그래서 그들은 날마다 혼돈에게 구멍 하나씩을 파 주기로 했는데, 7일만에 7개의 구멍이 다 뚫렸다. 그런데 안타깝게도 그 순간 혼돈은 죽고 말았던 것이다.

이것이 장자가 생각하고 있는 혼돈의 모습이다. 그야말로 막연하여 뭐가 뭔지 뜻을 알 수 없는 말이다. 그러면 이는 도대체 무엇을 뜻하는 말일까?

생각해 보면 남쪽이란 밝은 곳이고, 북은 어두운 곳을 상징

한다. 어쩌면 인생의 명암이라는 대립된 양면을 생각하고 밝음明도 아니고 어둠暗도 아닌 또 다른 세계를 혼돈으로 보았는지 모른다.

다른 면에서 생각해 보면 숙과 홀은 갑자기라는 뜻을 가지고 있는데, 갑자기란 적극성을 나타내는 개념이다.

만약 우리의 인생에 남쪽의 적극과 북쪽의 적극, 이 2가지 적극이 대립하고 있다면 조화는 이루어지지 않는다. 그래서 남북이란 두 적극 중앙에 혼돈이라는 한면을 생각하여 그 적극을 없앤 상태 속에 혼돈의 모습을 찾음으로써 조화를 꾀하는 것이 좋다고 생각했는지도 모른다.

그러므로 혼돈에는 눈도 귀도 코도 없다는 표현은 칠정七情이 있어야 할 기관이 없음을 말한다. 칠정을 일으키는 모든 기관이 없기에 혼돈의 상태가 유지되고 더없이 위대한 작용을 할 수 있는 것이다.

그런데 숙과 홀이 괜한 친절로 7개의 구멍을 뚫어 불쌍한 혼돈이 죽고 말았다. 인간도 오관五官의 작용을 일체 버린다면 혼돈 상태가 올 것이 틀림없다. 그 때야말로 장자가 주장하고 있는 참다운 무차별의 세계가 열린다. 거기에는 남북의 숙도 홀도 없고 요즘으로 말하면 남한도 없고 북한도 없게 된다는 뜻이다.

그러면 이 혼돈이란 원래 어떤 것인가?

두예杜預 같은 사람의 설명에 따르면 불개통不開通 상태라고 하는데, 그것만으로는 완전히 이해할 수가 없다.

『신이경神異經』이라는 책에는 이를 곤륜산崑崙山 서쪽에 사는 짐승으로 표현하고 있다. 그리고 그 모양은 개처럼 털이 길고 네 발로 기어 다닌다고 했으며, 또 비|羆 : 곰|을 닮았고, 발

톱이 없고 눈은 있으되 볼 수 없고, 귀는 있으나 듣지 못한다. 배는 있으나 오장이 없고 장은 있으나 곧곧이 뻗어 있어서 구부러지지 않는다. 그리고 덕행德行이 있는 자가 가까이 가면 이를 피하고 흉덕凶德한 자가 가까이 가면 달려들어 따른다고 했다.

그러므로 상상물이지만 원래는 흉물스런 모양을 하고 있다. 그래서 옛 요堯임금 때 두 살된 관도라는 악인을 사람들은 혼돈이라고 불렀다고 한다. 그렇다면 장자가 이를 비유로 든 것은 무엇 때문일까? 오직 보지 못하고 듣지 못한 것의 모습만 말하려는 뜻은 아니었을까?[응제왕 : 應帝王]

모고야산의 전설

혼돈의 세계는 너무나도 복잡해서 보통 사람으로서는 알 수가 없다. 그래서 장자는 다소 구체적으로 생각하여 신선神仙의 생활을 하고 있는 세계를 상상했다.

모고야藐姑射산의 전설이 그 이야기인데, 그곳어

운 신선이 살고 있었다.

'기부여영설肌膚如永雪이고 작약여처자婥約如處子라.'

즉 피부는 흰 눈이나 얼음처럼 깨끗하고 나근나근한 것이 처녀와 같이 아름답다고 표현한다. 게다가 그 신선은 오곡五穀은 먹지를 않는다. 오직 바람을 마시고 이슬을 마시며 구름을 타고 용龍을 부리며 사해四海 밖에 노닌다고 하니 보통 사람들의 의식주 같은 것은 완전히 초월한 이상향이다.

만약 우리들이 그곳에서 살 수 있다고 가정한다면, 이는 인생의 최상의 행복일지도 모른다.[소요유 : 逍遙遊]

사람 사는 것을 비웃다

장자는 다음과 같이 논하고 있다.

'지인무기至人無己이며, 신인무공神人無功하고 성인무명聖人無名이라.'

세상에는 한 가지 일에 종사하며 만족하는 사람이 있는가 하면, 고향에서 특별한 직업을 갖고 그것으로 만족하는 사람도 있다. 또는 덕德이 있는 임금과 합하여 한 나라에 공덕을 세워 자랑하는 사람도 있다.

그러나 높은 이상을 가진 사람이 볼 때는 모두 부질없는 일이다. 그래서 송영자宋榮子 같은 사람은 이를 비웃고 한 걸음 더 나아가 이번에는 열자列子와 같이 세간의 번잡으로부터 멀리 하여 표표|飄飄 : 훨훨|이 바람을 타고 우주를 넘나드는 사람도 있다.

이는 전자前者에 비해 고상하다면 고상하다고 말할 수 있지만, 바람을 기다려야 하므로 아직도 남에게 의존하는 데가 있다.

여기서부터 한 걸음 더 나아갔을 때 비로소 신선의 세계가 열리게 되는데, 이 세계 안에 거처할 때는 천지의 올바름에 따라 육기六氣의 변화를 스스로 지배하며 무궁하게 노닐 수가 있다.

그러므로 이 세계 속에서 사는 것만이 완전한 자연인自然人으로 돌아갈 수 있다. 거기에는 기다림도 없고 채워야 할 만족도 없다. 이것이 바로 이상향이라고 일컫는다.

여기서 육기라 함은, 음陰 · 양陽 · 풍風 · 우雨 · 회晦 · 명明을 말한다.

만약 우리들이 위와 같은 세계에서 살 수 있다면, 그곳에서는 어떻게 세상을 다스리고 천하를 태평케할 것인가와 같은 번거로움은 있을 리 없다.

그러므로 장자는 또 다른 이야기를 들어 세상 사람들이 나라를 다스리고 집안을 꾸려가는 일에 고통스러워 하는 것이 얼마나 어리석은 행위인가를 여러 가지로 예를 들어가면서 비웃고 있음을 엿볼 수 있다.[소요유 : 逍遙遊]

천근, 무명인에게 묻다

천근天根에 관한 이야기가 있다.

이 천근이라는 사람이 누구인지 알 수 없지만, 그는 어느날 은산殷山 남쪽에 있는 요수라는 강가에서 우연히 이름도 없는 무명인을 만났다. 그리고 그는 이 무명인에게 천하를 다스리는 도道를 물었다. 그러자 그 무명인은 대뜸 호통을 쳤다.

"저리 가라! 너는 비인[鄙人 : 시골뜨기, 상놈]이다. 그 물음이 무엄하기 짝이 없다!"

그러니까, 왜 그 따위 기분 나쁜 불쾌한 질문을 하는가! 빨리 꺼져 버려라. 너는 시골뜨기에 상놈이다! 하며 호통을 친 것이다.

그런 다음 다시 말을 잇는다.

"우리는 너희들과는 다른 세계에서 살고 있어. 말하자면 이 세상의 일과는 일체 초탈하고 있단 말이다. 만약 할 수만 있다면 망묘莽眇라는 새라도 타고 육극천지사방六極天地四方 밖으로 나가 무하유無何有의 향鄕에 노닐 참이야!"

여기서 무하유의 향이란 장자가 주장하는 이상향이며 신선이 사는 곳이다.[응제왕 : 應帝王]

운장, 홍몽에게서 배우다

운장雲將이 홍몽鴻蒙이라는 자에게 묻고 있는 이야기다.

운장이 어느날 동쪽으로 여행하여 홍몽을 만났다. 그때 홍몽은 허벅지를 치면서 뛰어 놀고 있었는데, 이 광경을 보고 깜짝 놀란 운장이,

"아이, 선생님! 왜 그런 모양으로?"

하고 물었다. 그러나 홍몽은 들은 체 만 체 여전히 허벅지를 쳐가며 춤을 춘다. 그리고는 운장을 힐끗 쳐다보며,

"난 그저 놀고 있는 중이야!"

라고 대답한다. 여기서 논다는 말로 대답한 점이 재미있다.

그래서 운장은 정색을 하며 다시 물었다.

"바야흐로 천후天候가 오락가락하여 지기地氣도 우중충하기만 합니다. 육기六氣도 모두 갖춰져 있지 않아서 춘하추동 사시철도 제대로 지켜지지 않습니다. 이와같이 천하가 다스려 지지 않으니 부디 이를 올바로 다스려서 만백성을 제대로 길러가고자 하오니 부디 그 방법을 가르쳐 주십시오."

그래도 홍몽은 여전히 허벅지를 치고 손뼉을 치며 뛰어 놀고만 있을 뿐이다. 그러면서 고개를 설래설래 내저으며,

“난 몰라, 난 모른다!”

라고만 내뱉으며 전혀 상대를 해 주지 않는다. 그래서 운장은 두 번 다시 물어볼 길이 없게 되었다.

이렇게 해서 운장은 홍몽 곁을 물러나왔는데, 그로부터 3년 뒤 운장은 또 다시 동쪽으로 여행을 가다가 우연히 홍몽을 만나게 되었다. 그때 운장은 너무나도 반가와서 달려가

“하늘이여, 나를 잊었는가. 아니 하늘이여! 이 몸을 잊었단 말인가?”

하며 덥석 홍몽의 손을 잡았다. 그러니까 운장은 홍몽을 하늘로 생각한 것이다.

그는 애걸하다시피 매달렸다.

“이 몸 그전에 뵈웠던 운장이 옵니다. 부디 저에게 나라 다스리는 도를 가르쳐 주소서!”

그러나 홍몽은 냉정하기만 했다. 그러면서

“흥! 사람을 다스리고 나라를 다스린다? 그 따위 일을 생각한다는 건 벌써 그 자체가 잘못 됐어! 천경|天經 : 하늘의 경륜|을 문란케 하고 사물의 정에 거역하면 현천玄天도 이루어지지 않는 거야!”

라고 말했다.

현천이란 자연의 감화를 말한다. 그러니까 하늘이 정상적 운행을 잃고 사물이 자연적인 정에 거슬리면 자연의 감화는 이루어지지 않는다는 뜻이다.

그 때문에 함께 무리짓던 짐승들은 그 무리로부터 떨어지고 하늘을 날으는 새들은 놀라서 밤에도 울어댄다. 마침내 초목과 곤충에 이르기까지 모두가 화를 입게 된다.

이는 인간들이 인위적으로 천하를 다스리려 하기 때문이다.

그러므로 모든 것을 자연에 맡겨야 한다고 홍몽은 운장을 꾸짖고 있다.

이와 같이 이들 신선들, 혹은 노장老壯이 생각하고 있는 이상理想의 사람들이 세상에 처하는 태도는 우리들이 생각하고 있는 보통 생각과는 전혀 일치하지 않는다. 그야말로 혼돈 상태다.[재유 : 在宥]

요임금도 한낱 요리사에 불과하다

성천자 요임금이 은자인 허유許由에게 당한 이야기 역시 하나의 좋은 예화이다.

요임금은 오랜 동안의 정치생활에 지쳤던 모양이다. 그래서 제위를 허유에게 이양하려고 그를 불러 말했다.

"그대는 일월日月과 같다. 나는 그대에 비하면 하나의 횃불에 지나지 않는다. 어찌 감히 빛을 다툴 수가 있겠는가. 또 그대는 시우[時雨 : 소나기]와 같다. 나는 그에 비하면 한 바가지 물에 지나지 않는다. 어찌 관개[灌漑 : 물대기]를 다툴 수 있겠는가. 부디 천자의 자리를 그대에게 물리고자 하니 물리치지 말기를—"

그러자 허유는

"아니 별 말씀을 다 하십니다. 제께서는 이제까지 천하를 탈없이 다스려 오셨습니다. 그런데 무슨 일로 제가 제위를 물려 받습니까. '명이실지빈名而實之賓'이옵니다. 그러니까 이름은 실적이 있는 이름이라야 하지요. 아무튼 저는 저 나름의 만족이 있으니 그 말씀은 어서 거두어 주십시오."

라며 단번에 거절했다.

그리고 헤어지면서, "포인[庖人 : 요리인]이 요리를 못한다 해서 어찌 시축[尸祝 : 제관]이 도마를 넘어 이를 대신할 수 있겠습니까."라고 내뱉듯이 말했다.

즉 요리사가 일을 잘못한다 해서 제사를 관장하는 제관이 설마 도마와 술통을 뛰어 넘어가서 대신 요리사 노릇을 할 수야 없지 않는가라는 고답적인 말이다.[소요유 : 逍遙遊]

어리둥절하여 천하를 잃음

허유許由와 같은 인물이 당시에는 많았다. 그 중에서도 허유의 스승인 설결, 그의 스승인 왕예, 왕예의 스승인 피의被依 같은 사람들은 언제나 위에서 말한 초세속적超世俗的인 생활을 하는 사람들이다.

「천지편天地篇」을 비롯하여 『장자』의 글 중에 많이 나오는 이들 네 사람은 모두 모고야산에서 살았는데, 그곳에 요임금이 찾아갔다. 당시 요임금은 성천자로서 훌륭하게 천하를 다스리고 있었다. 속된 말로 표현하자면 자랑하고 싶은 생각도 있었던 것 같다. 그런데 모고야산 가까이에 가 보니 네 신선이 살고 있었는데, 그야말로 무無의 세계에서는 치국도 평천도 있을 리가 없다.

그래서 요임금은 망연자실하여 '요연|窅然 : 어리둥절함|하여 천하를 잃었다.'고 말했다.

신선이 살고 있는 세상을 혼돈의 세계에 소요하고 있는 사람들이 볼때 이런 일이 생기는 것은 당연한 일이다.

장자는 이 이야기 첫머리에서, '송인宋人, 장보|章甫 : 관|를 가지고 제월諸越로 가다. 월인은 단발문신|斷髮文身 : 머리를 자

르고 몸에 문심함|하여 이를 쓸 데가 없다.'라고 쓰고 있다.

즉 은殷 나라가 망하고 그 뒤로 세워진 나라가 송 나라인데 장보章甫란 은 나라 사람들이 소중히 쓰던 관이다. 그런데 나라가 망했으므로 그 자손인 송 나라 사람들이 조상의 관을 골동품 가게에 팔려고 월 나라로 가지고 간 것이다.

그러나 가 보니 월 나라는 야만국으로 모두 머리를 깎고 몸에는 문신을 하고 있는 상태여서 장보 같은 건 아무 소용없는 물건이 되고 말았다는 이야기다.

이는 문화를 자랑하고 문명을 즐기는 사람들에 대한 통렬한 비판인데, 신선 세계에 사는 사람들이 볼 때는 치국도 평천하도 모두 소용없는 일이라는 것을 가르친 말이기도 하다.

결국 장자는 이런 이야기를 쓰면서 자기가 생각하고 있는 혼돈의 세계를 입증하려 하고 있음을 엿볼 수 있다.[소요유 : 逍遙遊]

태평시대는 백성의 마음에 있다

노자의 사상을 이어받은 장자 역시 정치에 대해서 만큼은 같은 뜻을 가지고 있었음을 엿볼 수 있다.

그는 일찍이 지덕至德의 세世라는 말을 했는데, 그 지덕의 역대歷代 속에 그들의 이상으로 생각했던 열두 분의 시대를 들고 있다.

그 열두 분이란 용성자容成子, 대정씨大庭氏, 백후씨伯厚氏, 중앙씨中央氏, 율륙씨栗陸氏, 여축씨驪畜氏, 혁서씨赫胥氏, 헌원씨軒轅氏, 존로씨尊盧氏, 축융씨祝融氏, 복희씨伏羲氏, 신농씨神農氏 등이다.

그의 설명에 따르면 이 시대의 백성들은 모두 노끈을 사용하기로 약속했으며, 먹는 것은 모두 그 땅에서 나는 것을 먹고, 입는 것도 모두 그 땅에서 생산된 것을 사용한다. 그리고 그들의 풍속을 즐기고 그들이 사는 곳에 만족한다는 것이다. 이는 앞에서도 말했던 노자의 소국과민小國寡民의 세상과 같은 모습을 나타내고 있는 말이다.

장자는 또 다른 곳에서 지덕의 세의 모습을 말하고 있는데, 거기서는, '위는 표지標枝와 같고 백성은 야록野鹿과 같다.'라고 그 시대상을 형용하고 있다.

표지標枝란 가지가 높이 뻗어 있는 모양을 말하는데, 이것은 높은 자리에 있는 사람들이 자기 지위가 높다 해서 아래 사람들을 학대해서는 안 된다는 뜻으로 그 인격이나 품위를 나무가지가 높이 뻗어 있는 형상처럼 해야 한다는 것이다.

또 아래에 있는 사람들은 야록野鹿, 즉 들판을 뛰노는 사슴처럼 행동해야 한다는 것이다. 그러므로 윗사람으로부터 은총을 받고 있다는 사실을 조금도 생각지 말고 마음 내키는 대로 뛰노는 것이 좋다는 말이다. 위와 아래가 이와같이 함께 나눔의 생활을 하고 있는 것이 지덕至德의 세世의 모습이다.

위에서 말한 열두 분 중에 혁서씨赫胥氏가 있는데, 그 시대에는 인민은 있어도 할 일을 모르고 스스로 갈 데를 몰라 대는 대로 먹고 배불리 놀고 있었다고 한다. 이처럼 노장은 위에서 말한 현상의 사회와 백성이 있는 모습을 이상의 세계로 여겼던 것이다.

오늘날 중국에는 7억이라는 인구가 있고, 세계 각국은 다투어 원자폭탄, 핵무기 같은 걸 만들어 나라의 강대함을 과시하고 있는 시대이므로 아무리 3, 4천년 전의 이야기라 해도 노자, 장자의 소국과민의 바램은 꿈같은 이야기이지만 하다 못해 꿈속에서라도 이런 이상향에서 노닐 수 있다면, 이 역시 인간에게 보여 주는 행복이 아닐런지.

이상과 같이 여러 가지로 이상향을 살펴보았는데, 장자의 설에 따르면 이 이상향도 점점 시세의 변천과 더불어 퇴색되어 간다는 것이다.[천지 : 天地]

제도의 남용은 국운을 쇠퇴시킨다

장자는 치도治道가 쇠퇴하는 순서를 말하고 있다.

사람이 혼돈의 세상 속에 있으면 음양은 조화한다. 귀신은 설치지 않고 춘하추동은 절기를 얻는다. 만물은 상하지 않고 만백성은 장수한다. 이것이 이상향의 모습이다. 이를 지일至一의 시대라고 한다.

지일의 시대에는 하는 일이 없어도 만사가 스스로 이루어진다. 그러나 덕이 쇠퇴하면 점점 그 효과가 나타나지 않는다.

수인씨는 처음으로 화식|火食 : 먹는 것을 굽거나 끓여 먹음|을 가르친 사람이고, 복희씨는 처음으로 목축을 가르친 사람인데, 이들이 처음으로 인위人爲를 썼기 때문에 이미 순일順一을 잃어 지덕의 세를 더럽히기 시작했다.

그리고 신농씨는 백성들에게 처음으로 농사를 가르친 사람인데, 그가 황제와 함께 많은 제도를 세워 인위를 썼다. 황제는 인류 사회의 최초 인간으로 생각되어 중화민국에서는 황제기원黃帝紀元을 생각한 적도 있었다. 그러니까 인간 사회에 최초로 들어선 제왕이다.

그런데 장자는 황제 때부터 점점 인간의 도덕이 쇠퇴하기 시작했다고 말한다. 그리고 덕이 쇠퇴함은 곧 인위를 써서 일을 치르는 관습이 생겼음을 뜻하므로 다음과 같이 광성자廣成子와의 대화가 이루어지게 된다.

황제가 천자가 된 지 19년, 그의 명성은 천하 구석구석까지 미치고 정치의 절정을 이루었으나, 어느날 광성자라는 사람을 만나게 된다. 광성자는 공동公同에 살고 있는 평판이 자자한 은자 중의 은자였으므로 황제는 정중하고 겸손하게 예를 갖춰 그를 대하며 도덕의 근본에 대해 물었다.

그런데 광성자는 황제를 호되게 나무랐다.

"그대의 나쁜 점은 인위를 쓰고 있다는 것이다. 그러니까 그대가 천하를 다스리고 있는 한, 구름이 모이기도 전에 비가 내리고 초목은 단풍이 들기 전에 시들어 버린다. 일월日月의 빛은 날로 쇠해 간다. 그것은 오로지 그대가 영인|諛人 : 재주꾼|의 마음을 갖고 있기 때문이다. 그 따위 영인에게 지도至道를 말할 수 없다."

다음은 요순시대로 이어지는데, 여기에 이르러서는 더욱 덕이 쇠퇴해진다. 「선성편繕性篇」에 상세히 그 상황을 말하고 있다. 즉 요순시대에 접어들면 치화治化의 도를 생각하게 되어 그들은 문명으로 천하를 다스렸는데, 오히려 그 때문에 사람들이 자연성을 잃어버렸다는 것이다.

당우唐虞시대를 비평하여 '치화治化의 유|流 : 흐름|를 일으켜 순淳을 엷게 하여 박朴을 흐트리고, 도道에서 멀어지는 것을 선善이라 하여 덕德을 위태롭게 함으로써 행行을 삼고, 성|性 : 자연|을 떠나 심|心 : 인욕|에 따르다.'라고 말하는 것 등은 문명의 여폐餘弊를 통박하고 오늘날의 시세까지도 풍자하는 것 같아 매우 흥미로운 문장이다.

요순을 이어 그 다음은 우禹 나라 시대인데, 이 때는 더욱 도道가 땅에 떨어지므로 이를 비평한 백성자고伯成子高의 이야기를 유의해 본다.

백성자고伯成子高는 당시의 이름 난 선비다. 요임금이 천하를 내놓은 시대에 그는 제후로서 요 나라를 섬기고 있었는데, 요임금이 순임금에게 천하를 물려주고, 또 순임금이 우禹임금에게 천하를 물려주자, 이 백성자고는 제후를 사임하고 조정에서 물러나 야野로 돌아갔다. 그래서 우임금이 백성자고를 찾아가서 그의 참뜻을 물었다.

"옛날 요임금이 천하를 다스릴 때는 그대는 제후로서 그를 섬겼다. 그런데 요임금이 순임금에게 천하를 물려주고, 또 순임금이 나에게 천하를 물려 주자, 그대는 제후를 그만두고 야野로 돌아가니 나를 싫어하는 모양인데, 도대체 어찌된 일인가?"

이에 대해 백성자고는 이렇게 대답했다.

"옛날 요임금께서 천하를 다스리실 적에는 상벌賞罰이라는 것이 없었습니다. 굳이 상을 주는 일이 없어도 백성들은 모두 자기 일에 충실했고, 또 굳이 벌하는 일이 없어도 백성들은 두려워하여 나쁜 짓을 저지르지 않았습니다. 그런데 당신께서 천자가 되신 후부터는 상벌을 엄격히 하여 그로서 백성들을 억누르려고 하였습니다. 상벌이 행해지면 덕德이 쇠퇴합니다. 후세의 문란은 이제부터 시작될 겁니다. 모처럼 행차하셨는데 저의 뜻이 그러하오니 이대로 돌아가십시오."

[천지 : 天地]

법이 너무 강하면 오히려 도둑이 많아진다

여러 내용의 글을 살펴보면 장자는 인위人爲가 가해지는 정도 만큼 덕이 쇠퇴하는 범위라고 단정하고 있다.

즉 황제시대부터 정치를 행하려는 제도가 생겼는데, 이것이 첫 번째 실패이고, 요순시대에 이르자 문화라는 것을 더해서 백성을 이끌려고 했다. 이것이 두 번째 실패이고, 다음에 우禹임금이 천하를 맡자 상벌賞罰제도를 쓰게 되었는데, 이것이 세 번째 실패라는 것이다.

장자는 또 상대上代로부터 세정世情이 차츰 쇠퇴함을 깨달아 오말五末이라는 설을 내세우고 있다.

오말이란, 글자 그대로 다섯 가지 끝을 말하는데, 병兵을 쓰는 것이 덕德의 끝이고, 상벌을 쓰는 것이 가르침의 끝이며, 예법禮法이나 제도를 밝히는 것이 치治의 끝이고, 종이나 북, 우모羽毛의 아름다움을 다투는 것, 즉 문명이라는 것이 악樂의 끝이요, 장례식이나 결혼식 같은 여러 가지 예禮를 만든 것이 애哀의 끝이다.

그의 설에 따르면 문화가 진보하면 할수록 세상은 말세에 이르게 된다. 만약 우리가 지덕至德의 시대를 바란다면 우선 문화를 없애고 총명함을 없애는 것이 좋다고 생각했던 것이다. 이는 노자의 정치관과 같다.

노자는, '성聖을 끊고 지智를 버리면 민民의 이利가 백배한다.'라고 말한다. 또 '교巧를 끊고 이利를 버리면 도둑이 없다.'라고도 했다.

그리고 '천하에 기휘[忌諱 : 꺼리고 가림]가 많으면 백성은 더욱 가난해진다. ……법령을 밝히게 되면 도덕이 많아진다.'고 말하기도 한다.

이 노자의 가르침을 이어받은 장자는 앞에서 말한 것처럼 인위의 적고 많음으로써 세상의 성쇠를 가늠하게 된 것은 지극히 당연하다 하겠다.

하지만 장자는 그와같은 순수한 이론을 세우는데는 서툴다. 그의 독특한 우언寓言에 의해 사상 경향을 살펴보는 것이 보다 중요하다.[천도 : 天道]

기사機事 있는 자 기심機心 있다

공자의 문인 가운데 자공子貢이라는 사람이 있었다.

자공이 초 나라에 갔다가 진 나라로 돌아갈 때, 어느 마을에서 한 사나이를 만났다. 그 남자는 밭에 물을 대려고 도랑을 파서 물을 웅덩이에 담고 다시 퍼 내는 매우 고된 일을 하고 있었다.

그 광경을 본 자공이,

"아! 여보슈. 왜 그런 쓸데없는 일을 하고 있는 거요? 거기 두레라는 기계가 있지 않소. 그걸 쓰면 하루에 몇 배, 몇 십 배의 일을 해낼 수 있을 게 아니오?"

라고 말하자, 그 사나이는 의아한 얼굴로 물었다.

"그래 당신이 말하는 그 기계란 어떤 것이오?"

이에 자공은 다음과 같이 대답했다.

"그건 통나무에 홈을 파서 만든 것인데, 앞쪽을 가볍게 하고 뒤쪽은 무겁게 만든 두레라는 것이오. 그것을 위아래로 움직이면 물을 얼마든지 되돌릴 수 있소."

이 말을 듣고 그 사나이는 어이가 없다는 듯이 껄껄 웃으며 이렇게 말하는 것이었다.

"아니, 여보슈. 나는 옛부터 들어온 말이 있소. 기계를 갖고 있는 자에게는 반드시 기계일이 생기게 마련이지요. 그러므로 기계를 사용하는 자에게는 기심機心이 생기는데, 그 기심은 좋은 것이 못됩니다. 한번 기심이 사람의 마음 속에 깃들게 되면 이미 순백함을 잃어버린게 되지요. 순백을 잃게 되면 정신이 불안정해짐은 물론, 정신이 불안정하면 도道에 머물 수 없습니다. 실은 나도 그 두레 만드는 법을 모르는 건 아니오. 그러나 오히려 그렇게 될까 봐서 아예 만들어 쓰지 않고 있을 뿐이지요."

이렇게 자공을 타일렀다.

'기계가 있는 자는 반드시 기사機事가 있고 기사가 있는 자는 반드시 기심機心이 있다. 기심이 흉중에 있으면 곧 순백을 잃는다.'

라는 말은 오히려 문화에 현혹되는 현대인에게도 크나 큰 교훈이 되는 명언이라 하겠다.

이 말을 들은 자공이 크게 부끄러워하며 서성거리고 있자, 그 사나이는 자공을 힐끗 쳐다보며 물었다.

"도대체 당신은 누구요?"

공자의 제자라고 대답하자, 그는

"아! 그렇소. 그 공자라는 사람 말이요. 그 사람은 항상 박학을 내세워 성인인 체 하고 과탄[夸誕 : 허풍]의 설로써 많은 사람들을 속이고 있소. 그 따위 인간에 붙어 있으면 올바른 학문을 할 수야 없지?"

라고 내뱉듯이 말했다.

이런 일이 있은 후부터 자공은 더욱 부끄러움과 두려움에 얼굴빛이 새파랗게 질려 안절부절하지 못하게 되었다.

이런 모습을 보고 자공의 문인 한 사람이,

"아니 그 사람은 도대체 어떤 자인가요? 선생님은 그 자를 만난 뒤로부터 안절부절 못하니?"

하고 묻자, 자공이

"글쎄다. 난 이제까지 공자님을 가장 훌륭한 선생님으로 여겨왔는데, 이번에 그 사람을 만나고 보니 그는 덕德을 모두 갖춘 전덕全德의 사람이었어. 그에 비하면 우리 같은 것들은 세상의 훼예|毁譽 : 꾸짖음과 칭찬함|에 놀아난 '풍파風波'의 백성이었어. 그는 이러저러하다고 말하더군……"

라고 자초지종을 이야기하며 한숨 지었다는 이야기이다.

그런데 세상의 모든 문화를 버리고 기심을 버려 순박한 세계로 돌아간다고 하면 이미 인간사는 어리석기 짝이 없는 모습으로 식자의 눈에 비칠 것이다. 그래서 치국의 도道를 자랑 삼던 노 나라 장려면將閭勉이 고매한 선비 계철季徹로부터 웃음거리가 되었다는 설화도 나오게 된다.

계절季徹, 피식피식 비웃다

춘추시대의 노 나라 장려면將閭勉은 상당한 인물인데, 어느 날 임금으로부터 정치에 관한 자문과 도덕성에 대해 질문을 받았다.

그래서 그는 친구 계절季徹을 만났을 때 자랑스럽게,

"나는 우리 나라 임금님으로부터 정치에 대한 교육적 의견을 말하라는 분부를 받고 이러이러한 의론을 해 왔다."

라고 말하자, 친구 계철이 말도 채 끝나기 전에 피식피식 웃었다는 이야기다.

여기서 피식피식 웃었다고 하는 표현을 아마 등을 구부리며 냉소하고 있는 모습이 눈에 선하다.

그러자 그는 이어 장려면에게 말했다.

"도대체 당신의 말은 뭐가 뭔지 알 수가 없소. 그 따위 말로 옛 성인의 치治를 바라는 것은 마치 당랑|螳螂 : 사마귀|이 팔을 치켜들고 차철|車轍 : 수레바퀴|에 맞서는 모습과 같지 않은가. 말도 안돼!"

하며 아예 상대도 해 주지 않았다는 애기다.

지덕혼돈至德混沌의 세世를 생각하고 있는 사람들이 보면 당연히 그렇다고 할 것이다.

장자는 항상 이러한 우화를 인용하여 자기 자신이 생각하고 있는 이상 세계를 부각시키려고 애썼던 모습을 엿볼 수 있는 대목이다.[천지 : 天地]

사마귀와 수레바퀴 이야기

차철車轍은 수레바퀴다. 당랑螳螂 즉, 사마귀는 작지만 사나운 벌레인데, 이것이 아무리 악을 쓰고 버텨봤자 달려오는 커다른 수레를 멈추게 할 수는 없다.

그래서 여기서는 장려면의 무력함과 무모함에 비유한 말이다. 『장자』「인간세편人間世篇」에도 이 대목이 나오는데, 그때는 현인 거백옥遽伯玉이 그 뒤에 부연하기를,

'그 임任이 당하지 못함을 알지 못한다.'

라는 말로 맺고 있다.

그런데 같은 사마귀라도 그 뿔을 치켜들고 버티고 있는 그 모습을 용사의 모습이라 하여 예찬된 일도 있다.

『한시외전韓時外傳』이나 『회남자淮南子』에 나오는 이야기가 그 예이다.

제 나라 장공莊公이라는 임금은 수레를 타고 사냥을 갔다. 그러자 앞길에서 사마귀 한 마리가 두 발을 치켜들고 임금의 수레를 치려 했다. 깜짝 놀란 임금은 마부에게 저것이 무엇이냐고 물었다. 마부는 사마귀라는 벌레라고 대답하면서,

"저놈은 앞으로 나아갈 줄만 알았지 뒤로 물러설 줄은 모르

지요. 또한 제 힘의 능력도 모르고 경솔하게 적에게 대항하는 어리석은 놈이옵니다."

라고 말했다. 이 말을 들은 장공은,

"오호, 이 놈이 인간이라면 틀림없이 천하의 용사가 될 것이다. 그걸 어찌 함부러 깔아뭉갤 수 있겠느냐. 자, 저리 비켜 가자꾸나!"

하며 사마귀를 비켜갔다는 얘기이다. 사마귀는 생각 잖은 곳에서 지기|知己 : 자기를 알아줌|을 얻은 셈이다.

이 이야기가 세상에 전해지자 장공은 용사를 우대한다는 소문이 퍼져 천하의 용사들이 앞을 다투어 그의 곁으로 모여들어 부하가 되었다고 한다. 영웅 일세를 속였다고나 할까!

이와 비슷한 이야기가 『후한서後漢書』에도 나와 있는데, 여기에는,

'당랑이 부|斧 : 도끼|를 휘둘러 융차|隆車 : 임금이 타는 수레|를 막다.'

라고 되어 있다. 말에는 옛날이나 지금이나 여러 가지로 바뀜이 있게 마련이다.[천지 : 天地]

도유道諛의 설

장자의 '도유道諛의 설'은 오늘날에도 시사하는 의미가 크다.

그 설에 따르면 효도하는 자식은 무엇이든 간에 부모가 말하는 걸 무조건 따라서는 안 된다고 말한다. 때로는 부모에게 간하기도 하고 부모의 의견에 반대하여 정의를 지키지 않으면 안 된다.

충신도 이와 같아서 임금이 하는 말이라면 무조건 복종하는 것이 아니라, 때로는 면절정쟁[面折廷爭 : 임금 면전에서 정사를 다툼]하여 직접 간언도 해야 한다.

여기에 효자·충신의 모습이 있다. 만약 자식이 부모가 하는 말만 따르게 되면 이는 부모에게 아부하는 것이 되고, 신하가 임금이 하는 말에 무조건 복종하게 되면 그 태도는 아첨하는 신하가 되고 만다.

그런데 요즘 세상은 속물에게 무조건 아첨하고 있는 자들이 많다. 속물이 이렇다고 하면 생각없이 맞장구를 친다. 속물이 좋다고 하면 그에 맞추어 놀아난다. 이런 행동은 도道에 아첨하는 자로서 즉, 도유道諛하는 자라 하여 놀림을 받는다. 왠지 오늘날의 세태를 냉시하고 있는 것 같다.[천지 : 천지]

속계의 다섯 인종

『장자』「각의편刻意篇」에는 세상 사람을 다섯 종류로 나누고 있다. 물론 장자 이후의 설명이긴 하지만, 그가 싫어하는 인간형을 아는데 도움이 되는 내용이다.

이 다섯 종류는 ①산곡지사山谷之士, ②평세지사平世之士, ③조정지사朝廷之士, ④강해지사江海之士, ⑤도인지사道引之士를 일컫는다.

이 중에서 산곡지사란 굴원屈原 같은 사람을 가리키는데, 고상한 행동을 하고 높은 의론을 하며 세간으로부터 떨어져 일반 풍속을 멀리 하여 자신을 훌륭히 지키고 있는 사람이다.

평세지사란 도덕가나 교육가 등을 가리키는데, 입으로는 인의충신仁義忠信을 논하고 몸은 공겸추양恭謙推讓하고 있는 사람을 말한다.

조정지사는 정치가를 말함인데, 군신 관계를 바르게 하고 존왕尊王의 도道를 설하며 나라를 강하게 하여 공을 세우는 사람이다.

또 강해지사는 세상을 피하여 산중이나 강가 같은 조용한 곳에 숨어 살면서 땔감을 줍고 물고기를 낚아 살아가는 사람을 말하는, 이른바 은둔가를 가리킨다.

도인지사는 도교道教의 가르침에 따라 자기 몸을 기르고 장생하기 위해 호흡법이나 오금술五禽術을 연구하는 사람을 말한다.

이렇듯 사람을 다섯 유형으로 크게 나누었는데, 「각의편」에 따르면 이들도 아직은 진짜가 아니라는 것이다. 진짜라면 산곡지사처럼 각별히 각의|刻意 : 뜻을 새김|하지 않더라도 고상한 일을 할 수 있다. 그리고 평세지사처럼 굳이 인의를 말하지 않더라도 몸은 스스로 닦아진다.

그리고 조정지사 같이 공명을 세우지 않더라도 세상은 다스려지고, 강해지사처럼 강과 바다의 경치가 없더라도 마음은 넓어지고 생각은 풍요로와진다.

도인지사 역시 양생養生의 도를 말하지 않더라도 영원히 살 수는 없을 것이다. 아무런 조건없이 완전히 할 수 있는 사람만이 진짜라는 것이다.[각의 : 刻意]

참인간의 모습

앞에서 말한 다섯 종류의 사람은 아직 진짜가 아니다. 이에 반해 진짜는 아무것과도 같지 않고 무엇이나 잊고 있다. 그런 사이에서 자연히 덕德이 풍겨난다.

'덕德이 완전해서 신|神 : 정신|에 빈 틈이 없다.'

즉 마음에 사심邪心이 없고 순수한 기氣가 안에 가득 차 있다. 그러기에 그 사람은 태어날 때도, 죽을 때도 자연 그대로 태어났다고 해서 기뻐하는 일도 없고 죽었다고 해서 슬퍼하는 기색이 없다.

'느끼고 나서 비로소 따르고, 다급해져야 비로소 움직인다.'

적극적인 일은 조금도 행하지 않는다.

'그 삶은 꼭 허공에 떠 있는 것 같고, 그 죽음은 잠깐 쉬는 것과 같다.'

그러니까 살아 있는 동안은 물결 따라 움직이는 물거품같이, 죽었을 때는 다만 잠깐 잠든 것처럼 삶을 가다듬는다면 그 사이에 아무런 마음 쓸 일이 없다.

결국 그런 사람에게는 다른 잡물이 조금도 섞여 있지 않다. 그 점으로 보아 소|素 : 발가벗음|가 되는 것이다. 또한 자기의

정신을 잃는 일도 없다.

그 점으로 말하면 순純이라고 해도 좋은데, 이런 소순素純을 지키고 있는 사람을 참다운 진인眞人이라고 설명하고 있다. 이 설에 의해서 장자가 말하는 진인의 모습을 알 수 있다.

이와 같이 장자가 싫어하는 인간상을 먼저 말하고, 다음에 순소純素한 사람의 모습을 살펴보았다.[각의 : 刻意]

참인간은 잠을 자나 꿈꾸지 않는다

장자는 여기 저기서 그가 생각하고 있는 진인의 모습을 말하고 있다.

가장 으뜸 가는 진인의 모습은 용모가 쓸쓸하고 이마가 넓다고 한다. 이 표현은 어떤 뜻인지는 잘 모르나 아무튼 장자가 생각하고 있는 진인의 모습이다.

"옛 진인들은 잠을 자되 꿈을 꾸지 않으며 잠에서 깨어나도 근심 걱정이 없다."

라고도 했는데, 이는 매우 훌륭한 명언이다.

잠을 잘 때 우리는 여러 가지 악몽에 시달린다. 이런 꿈을 전혀 꾸지 않는다면 깨어날 때도 틀림없이 개운한 기분으로 일어날 수 있을 것이다.

그래서 공자도 '낙이망우樂以忘憂'라고 하여 즐거우면 근심을 잊는다고 했듯이 역시, 진인에게는 근심 걱정이 적다는 걸 말하고 있다. 그리고 또 장자는 진인이란 항상 때의 흐름이나 자연의 운행運行에 따르는 자라고 했으며, 그 점이 보통 사람과 가장 많이 다르다고 거듭거듭 주장하고 있는데, 이에 대해서도 독특한 우화寓話를 들어 설명하고 있다.[대종사 : 大宗師]

모든 것을 봄의 즐거움으로 삼는다

위 나라에 애태타哀駘它라는 사람이 있었는데, 그는 매우 못생긴 추남이었으나 웬일인지 두터운 인망을 얻고 있었다. 사람들이 그를 만나기만 하면 도저히 떨어질 수가 없게 되고, 또 여자들까지도 그 애태타를 보기만 하면 금방 반해 버려 그에게 시집 가기를 애원했다.

그렇다면 그 애태타는 어디가 보통 사람과 달랐단 말인가? 그는 마음의 바꿈을 자연의 운행자와 같이 했다.

이를 그는 '모든 것을 봄의 즐거움으로 삼는다.'라는 말로 표현하고 있다. 즉 자연의 모든 것이 바뀌어 가는데 대해 항상 봄날 같은 즐거움으로 맞이하고 있다는 뜻이다.

공자도 애태타의 훌륭함에 감탄하면서 그는 전재인|全才人 : 모든 재능을 다 갖춘 인간|이라고 말했다.

이 이야기를 전해 들은 노 나라 애공哀公은 이에 대해 공자에게 물었다.

"전재全才란 도대체 무슨 뜻이오?"

이에 공자는 다음과 같이 설명을 했다.

"인간에게는 누구나 그 나름대로 근심 걱정이 되는 큰 문제가 있지요. 이를테면 삶과 죽음의 문제, 궁함과 풍요의 문제, 빈부의 문제, 현불초賢不肖의 문제, 칭찬과 나무람의 문제, 배고픔과 목마름의 문제, 추위와 더위의 문제 등이지요. 이것들은 모두 인간의 근심 걱정이 되는 것들입니다.

그러나 생각해 보면 이런 것들 역시 모두 변화이며 천명의 자연적인 흐름입니다. 만약 우리가 하늘의 흐름과 조화되고 자연의 물결과 흐름을 함께 한다면 비록, 죽음의 막다름에 이르더라도 존망存亡, 궁달窮達의 지경에 이르러도 항상 자기 마음에는 흔들림이 없다는 것입니다.

이를 지닌 사람이 애태타입니다. 그는 항상 '모든 것을 봄으로 삼는', 다시 말하면 외물外物에 접하여 그때의 상태를 자기 마음 속에서 낳고 있는 자입니다."

그러니까 자연의 흐름에 따르는 것이 애태타의 가장 훌륭한 점이라고 말하고 있다.

우리는 이 이야기를 통해서 장자가 생각하고 있는 진인의 모습을 엿볼 수 있다. 사실 장자 자신도 옛 진인의 모습을 다음과 같이 설명하고 있다.

'삶을 즐길 줄 모르고, 죽음을 미워할 줄 모르며, 그가 나오는 것도 기뻐하지 않고 또 들어오는 것도 막지 않는다.'

그가 나오는 것도 기뻐하지 않는다 함은 태어난다고 해서 굳이 기뻐하지 않는다는 뜻이고, 들어오는 것도 막지 않는다 함은 죽음이 가까이 왔다 해도 걱정하지 않는다는 뜻이다.

또 장자는 '사람으로써 하늘을 돕게 할 수 없다.'라고도 했는데, 하늘이 명하는 자연의 운행대로 맡겨둘 일이지 거기에 인위적인 일을 가해서는 안 된다는 뜻이다.

그리고 그렇게 할 수 있는 사람을 '곧 진인眞人이라 한다.'

고 결론을 내리고 있으니 장자가 말하는 이른바 진인이란 자연 그대로의 모습을 지닌 사람을 가리킴을 알 수 있다.[덕충부 : 德充府]

미리 앞일을 걱정 말라

진인은 춘하추동의 변화와 자기 마음이 늘 함께 하고 있다. 그래서 장자는 진인의 모습에 대해,

'처연凄然하여 가을과 같고 난연煖然하여 봄과 같다.'

라고 표현하고 있다.

가을이 되어 쓸쓸해지면 그 사람의 마음도 역시 쓸쓸해진다. 봄이 되어 따뜻해지면 그 사람의 마음도 역시 봄같이 따뜻해진다. 그러므로 그 사람이 기뻐하는 것이나 화를 내는 것이나 슬퍼하는 것이나 즐거워하는 것이 모두 자연의 변화와 통하게 된다. 이런 사람을 가리켜 장자는 진인이라고 말한다.

어쨌든 범인 범부凡人凡夫는 비록 나쁜 짓을 해본 경험도 없고 특별히 마음을 상하게 하는 적이 없었다 해도 왠일인지 과거가 후회되고 또 앞날이 걱정된다.

『논어論語』에 '소인小人은 항상 척척戚戚하다.'라고 했는데, 마음의 평화를 얻지 못한 자는 항상 신경만 쓰고 있다는 뜻이다. 그런데 장자가 말한 것처럼 자연의 물결과 더불어 마음을 쓴다면, 그럴 필요가 전혀 없게 된다.

그래서 장자는, '지인至人이 마음을 쓰는 데는 거울과 같다.

미리 앞일을 걱정하지 않는다.'라고 말한다.

이는 지나 간 과거 일을 후회하지 말라. 미리 장래의 일을 걱정하지 말라는 매우 훌륭한 교훈이다.

만약 우리가 이러한 생활을 영위할 수 있다면, 그야말로 행복한 삶이라고 생각한다. 그렇다면 무위자연無爲自然을 존중한 진인은 과연 완성되는 자일까. 이 점에 대해서는 또 다른 연구가 필요할 것 같다.[응제왕 : 應帝王]

신무神巫, 사람의 길흉을 점치다

어느날 장자의 스승인 열자는 당시 세상에 널리 이름을 날리던 신무 계함季咸이라는 사람을 만났다. 거기서 열자는 그 사람의 영묘한 태도에 감탄하여 이제까지 자기가 배워 온 학문이 잘못된 것이 아닌가 하는 의심을 품게 되었다.

열자가 만난 신무는 정 나라 사람인데, 중국에서는 상대부터 무巫라는 역술이 있어서, 요즘의 무당 같은 존재로 신과 인간과의 사이를 오가면서 여러 가지 점을 치거나 사람의 길흉을 예언하기도 했다.

이렇듯 신무란 이름을 가진 계함은 매우 유명해서 누구 누구가 언제 태어나고 언제 죽을 것이며, 또 어떤 재앙과 행운이 찾아들 것인가, 또는 그 사람의 수壽에 대해서도 정확히 알아맞추고 몇 날 몇 시까지 예언하여 틀림이 없는 사실로 유명했다.

그런 사람이었기에 정 나라 사람들도 감히 그를 만나기를 두려워하고 있었다. 왜냐 하면 점이 좋은 운세라면 괜찮지만 만약, 너는 몇 날 몇 시에 죽게 된다든가 망하게 된다는 등 좋지 않은 일이 예언된다면 큰일이기 때문이다. 그래서 계함이라는 이름만 들어도 우는 아이가 울음을 그칠 정도였다.[응제왕 : 應帝王]

어찌 수컷없이 알이 생기겠는가

그런 계함을 열자가 만나본 것이다. 만나보니 과연 그 사나이는 대단했다. 그래서 열자는 첫눈에 반해 지금까지 스승 고자로부터 받아온 가르침에 회의를 느끼게 되었다. 그래서 고자에게로 돌아온 그는 다음과 같이 말했다.

"사실 저는 이제까지 선생님의 학문이 최고라고 생각했었습니다. 그런데 오늘 선생님보다 더한 인물을 만났습니다."

그는 자초지종을 이야기했다. 이 말을 들은 고자는,

"음, 그랬느냐. 그도 좋은 일이지. 그런데 너는 이제까지 나로부터 배운 것으로 벌써 충분한 도를 다 닦았다고 생각하느냐. 아직 멀었다. 실은 나는 너에게 이제까지는 그저 겉에 나타난 문자상의 지식만 알려줬을 뿐이다. 진짜는 가르치지 않았어. 말하자면 화룡점청畵龍点睛의 그 점청|点睛 : 눈동자를 그림|을 하지 않았던 거야."

라고 일렀다. 그때 고자가 한 말에,

"모든 암컷에 수컷이 없으면 어찌 알이 생기겠느냐."

라는 말이 있다. 참 재미있는 비유이다. 아무리 암컷이 많다 한들 수컷이 없으면 그 알은 무정란이 되어버린다는 뜻이다.

고자는 또 말을 잇는다.

"아직 수양이 덜된 네가 모든 것을 다 이룬 것처럼 세상에서 처신하니까 계함 같은 점장이가 너의 운명을 점치는 거다. 당장 내일 그 계함을 이리로 데리고 오라. 내가 한 번 나의 모습을 그에게 보여 주리라."[응제왕 : 應帝王]

살아 있는 조짐을 틀어막다

다음날 열자가 계함을 데리고 고자에게로 왔다. 고자의 모습을 본 순간 계함은 깜짝 놀랐다. 그래서 그 집에서 나온 계함은 문 앞에서 열자에게 이렇게 말했다.

"당신 스승인 고자는 틀림없이 죽을 거요. 열흘을 못 넘길 거요. 그의 인상 어딘가에 어둡고 축축히 젖은 재 같은 것이 있거든!"

매말라 있는 재라면 또 다시 불타오를 수도 있지만 젖어 있는 재이기 때문에 살아날 가망이 없다는 것이다.

이 말을 들은 열자는 대경실색하여 선생이 죽는다면 큰일이라 눈물을 흘리면서 고자에게로 돌아왔다.

그리고 스승 고자에게,

"아니 오늘 계함의 점으로는 선생님께 사상死相이 있다고 합니다."

라고 울면서 아뢰었다. 그러나 이 말을 들은 고자는 껄껄 웃으면서

"아, 그렇더냐. 아마 그럴 거다. 실은 나는 오늘 그에게 지문地文을 보였거든. 지문이란 조금도 동動하지 않는 모습이다.

즉, 나는 두덕기杜德機라는 요령을 나타낸 것이지."
라고 말하는 것이었다.

이 때의 지문地文이란 아무런 동작도 생기지 않는 무늬, 빛깔이라는 뜻이다. 그리고 두덕기의 덕기는 인간이 살아가는 하나의 조짐이라는 뜻이고, 두杜라는 글자는 틀어막는다는 뜻이므로 말하자면, 자기가 생활하고 있는 생기生氣를 틀어막아 보였다는 뜻이 된다.

그는 또 다시 말을 잇는다.

"그러니까 그가 나를 보고 죽을 걸로 생각한 모양이다. 내일 또 한번 데리고 오라."[응제왕 : 應帝王]

살고자 하는 조짐과 변화가 없는 모습

그래서 열자는 다음날 다시 계함을 데리고 왔다. 그런데 이번에는 고자와 대면하고 난 다음 밖으로 나오면서 열자에게 이렇게 말했다.

"아니 정말 다행이었소. 당신 선생님이 나를 만나기를 잘 하셨소. 어제는 꼭 죽을 것 같던데, 오늘은 그렇지 않소. 내가 보기에는 선생에게 두권杜權이 나타나기 시작했소."

그래서 열자도 매우 기뻐하며 돌아와 고자에게 이 말을 전하자, 고자는

"아, 그렇더냐. 사실 이번에는 내가 가지고 있는 천양天壤을 나타냈거든……"

하며 빙그레 웃었다.

천양이란 하늘과 땅을 말하는 것인데, 천지가 마주 하면 거기에 사물이 생겨난다. 즉 산다고 하는 조짐이 나타난다. 그러니까 고자는 이 조짐을 보였던 것이다. 그리고 그는 또 이렇게 말했다.

"그 산다고 하는 조짐은 아직 이름도 지워지지 않았고 또 모양도 없지만, 어쩐지 발뿌리에서 생겨나는 것 같다. 바로

그 비결을 내가 보여준 거다. 이것이 곧 나의 선자기善者機 라는 거다."

즉, 고자가 이 선자기를 나타내보였기 때문에 계함은 고자가 살 수 있는 모습을 보았다고 한 것이다. 그러자 고자는 또 열자에게 다시 한 번 계함을 데리고 오도록 일렀다.

다음날 분부대로 또 계함을 데려왔다. 이때 계함은 고자를 뚫어지게 바라보더니 어떻게 생각했던지 말없이 자리에서 물러나 열자에게 이렇게 말했다.

"아니 당신 선생은 아무리 생각해도 이상한 분이오. 어제와 오늘, 또 오늘과 내일이면 전혀 딴 사람이 될 것이오. 항상 변화를 거듭하여 도무지 점칠 수가 없소. 부디 앞으로는 움직이지 말고 가만히 계시라고 전해 주시오."

이 말을 들은 열자가 그대로 고자에게 알리자, 고자는 또 껄껄 웃으면서,

"아, 그럴 것이다. 이번에는 내가 지니고 있는 태충막승太冲幕勝을 보여주었거든."

라고 말했다. 태충막승은 음양의 조화를 이룬 상태로서 음이 양을 이기는 일도 없고 양이 음을 이기는 일도 없는 모습이다. 그리고 그는 이어서,

"이것이 곧 나의 형기기이다."

형기기衡氣機란 평형해 있는 기기氣機라는 뜻으로 변화가 없는 모습이다. 여기서 그는 또

"그러므로 계함은 내가 보여준 이 모습을 알 수가 없다고 한 거다."

라면서 계함을 한없이 비웃었다.[응제왕 : 應帝王]

못에는 아홉 이름이 있다

연淵 : 못에는 아홉 가지가 있다. 고래가 살 만한 큰 못도 있고, 물이 흐르고 있는 못도 있고, 물이 고요히 멈춰 있는 못도 있다.

"나에게는 9가지 변화를 이루는 정신 활동이 있는데, 그 중에서 지금 3가지 모습만을 계함에게 보인 것이다. 이에 깜짝 놀라 그가 점칠 수 없다고 한탄하는 거다. 그러니 몇 번이고 데려 오라. 내 변화의 자재自在함을 보여주리라."

라고 말했다.

그래서 열자는 다음날 또 계함은 데리고 고자에게 오자, 계함은 다시 고자를 뚫어지게 바라만보다가 자리를 박차고 허둥지둥 돌아갔다. 이를 본 고자는 열자에게,

"어서 뒤를 쫓아라!"

라고 호통을 쳤다. 그래서 열자도 힘을 다하여 계함을 따랐으나 어디로 갔는 지 그 모습을 찾을 수가 없었다. 이때 고자가 열자에게 이렇게 말했다.

"그럴 게다. 그는 물론 나를 점칠 수 없었을 것이다. 이번에는 그에게 나의 참모습을 보인 것이다. 나의 참모습이란 보

통 사람은 알 리가 없지. 나에게는 천변만화의 모습이 있어 갈대가 바람에 흔들리는 모습도 나타낼 수 있다. 이와같이 변전자재變轉自在 헤아릴 수 없는 것이 나의 참모습이다. 지금 그는 그 사실을 알고 도망친 거다."[응제왕 : 應帝王]

열자列子의 회한

이와 같은 스승 고자의 말에 감격한 열자는 비로소 이제까지의 자기 학문이 멀었다는 사실을 느끼고 크게 후회했다.

생각해 보면 자기는 한때 계함季咸을 만나 그의 마력에 심취된 적도 있었다. 그래서 스승인 고자보다 계함이 더 높은 학문을 가진 걸로 잘못 생각하기도 했다.

그러나 그렇지 않았다. 자기가 가르침을 받던 고자가 훨씬 훌륭했다. 따라서 이 도道를 더욱 착실하게 배워야겠다고 간절히 느낀 것이다. 그로부터 그는 3년 동안 두문 불출, 고자의 학문을 꾸준히 연구하게 되었는데 연구해 보면 볼수록 그 학문의 깊음을 알게 되었다.

그로부터 열자의 일상적인 태도도 완전히 달라졌다. 이제까지는 집안에서 남존여비의 태도를 취하고 있었는데, 그런 구별도 없어졌다. 손수 밥을 짓기도 했다. 한편 이제까지는 동물들과 자기와는 전혀 다른 존재로 여겨왔는데 인간이나 동물을 똑같이 생각하게 되었다. 그래서 돼지를 치는 것과 아기를 기르는 것을 같다고 생각하기에 이르렀다. 즉, 고자가 주장하는 진인眞人의 참모습을 지닐 수 있게 된 것이다.[응제왕 : 應帝王]

조탁彫琢, 박樸으로 돌아오다

장자는 이런 열자의 태도를 가리켜 다음과 같이 말한다.

'조탁복박彫琢復樸이다.'

조탁|彫琢 : 새기거나 다듬음|이란 장인들이 세공을 할때 끌로 파고 칼로 새기거나 깎거나 하는 일을 말함인데, 끝에 가서 아무런 치장이 없는 순박한 모습으로 돌아감을 뜻한다. 그것이 본래의 모습이라는 것이다.

열자도 지금까지는 여러 가지 학문을 연구하고 많은 공부를 했지만 끝에 가서는 발가벗은 순박한 인간의 모습으로 되돌아간 것이다.

요컨대 이 이야기는 장자가 말하는 진인眞人이란 어떤 존재인가? 그러기 위해서는 많은 수양을 쌓아야 하고 연구를 한 다음에는 역시 순박한 모습으로 되돌아가야 진짜 진인의 모습이라고 가르치고 있다.

한편 진인의 모습은 보통 사람으로서는 알 수가 없다. 그러나 알 수는 없지만, 자기 자신이 참인간이 될 때 비로소 이 진인이야말로 가장 훌륭한 사람이라는 사실을 알게 된다고 가르치는 하나의 비유다.

또한 조탁복박은 여러 예도藝道에 통하는 도와 같다. 이를테면 서예나 도예陶藝는 많은 연습을 거치지 않으면 이루어지지 않는다. 그러나 연습으로 글씨나 도자기가 아름답게 쓰여지고 만들어지는 것만으로는 진짜가 아니다.

한 걸음 더 나아가 고졸|古拙 : 꾸밈 없고 소박함|한 점에 이르지 않으면 안 된다. 그것이 이른바 조탁복박이다.

문장도 마찬가지다. 물론 처음에는 많은 습작을 해야 한다. 그러나 습작으로 아름다운 글을 쓰고 있는 동안은 아직 진짜는 아니다. 한 걸음 나아가 평명고담|平明古淡 : 알기 쉽고 분명하며 꾸밈이 없음|의 정점으로 돌아가야 한다.

그래서 인간은 수양을 쌓고 공부를 한다. 그러나 끝에 가서는 학문에 얽매이지 않고 수양에도 얽매이지 않고, 보통의 평범한 꾸밈없는 인간으로 되돌아가지 않으면 안 된다는 것이 장자의 생각이다. 새겨 볼수록 퍽 의미가 깊은 말이 아닌가 한다.[응제왕 : 應帝王]

목계 이야기

목계木鷄의 예화가 있다.

이는 노자가 말한 불쟁不爭의 덕, 즉 경쟁하지 않은 것이 최후의 승리자가 된다는 생각에서 따른 예화인데, 싸움 잘 하는 닭이 틈틈이 공부하고 수양을 쌓아 끝에 가서는 전혀 몸을 움직이지 않는 목계로 돌아간다는 이야기이다.

말하자면 수양의 과정에서 조탁박|彫琢樸 : 통나무를 다듬음|으로 돌아간다는 것이다.

어느 나라에 투계|鬪鷄 : 닭싸움|를 매우 즐기는 임금이 있었다. 그래서 임금은 기청자紀淸子라는 투계 기르는 명인에게 명하여 한 마리의 닭을 기르도록 했는데, 놀랍게도 열흘이 못 되어 투계로 나설 기미가 보였으므로, 임금은

"어떤가? 이제 싸움을 시켜보면……"

하고 묻자, 기청자는

"아니옵니다. 아직 멀었습니다. 이 닭에게는 적을 찾는 기氣가 왕성하니까요."

라고 말한다. 그 뒤로 또 열흘이 지났다. 임금은 이제는 쓸 수 있지 않겠느냐고 묻자, 여전히 기청자는 아직도 멀었다고 대답

하면서

"이 닭은 상대가 덤벼들면 증오의 눈초리로 적을 노려보고 기를 쓰며 대항하려고 합니다."

라고 말하는 것이다. 그 뒤로 열흘쯤해서 임금이

"이번만은 써도 괜찮겠지?"

하고 묻자, 그제서야 기청자는

"괜찮습니다. 이제 상대가 물어도 이쪽에서는 일체 반응이 없을 것이니까요."

라고 대답했다. 그래서 임금은 그 닭을 자세히 살펴보니 아니나 다를까 나무로 깎아 만든 닭처럼 전혀 움직일 기미가 보이지 않았다.

이렇듯 목계木鷄가 되면 다른 닭이 아무리 달려들어도 이에 대항할 수가 없다. 앞에서도 말했지만, 노자는 일찍이

'모름지기 다투지 않으니 천하도 이와 다투는 일이 없다.'

고 말한 바 있다.

목계 이야기는 그 뜻을 가르치기 위해 만들어 낸 예화이긴 하지만, 줄거리를 살펴보면 처음에는 자신의 기분만 믿고 설치던 닭이 향경|嚮景 : 환경|에 따르고, 다음에는 질시|疾視 : 안중에 두지 않음|하지 않고 끝에 가서는 변하는 일이 없어진다고 하는 박소|樸素 : 꾸밈없이 발가벗음|의 모습으로 돌아감으로써 투계로서의 자격을 갖춘다고 하는 기청자와 노자의 수양을 바탕으로 한 장자가 말하는 조탁복박의 생각과 같다 하겠다.

그 점에서 목계 이야기는 노장파 사람들이 동경하고 있는 진인의 모습이다.[달생 : 達生]

발자국은 발이 아니다

장자는 세인世人이 학문을 한다, 책을 읽는다고 하는데, 과연 얼마만큼의 가치가 있는 것인가를 의문으로 제기한다. 물론 책에는 많은 내용이 씌여 있다. 그러나 그 책은 결코 사실 그대로가 아니다. 책에 쓰여져 있는 내용과 사회에서 행해지는 현실과는 같을 수가 없다.

그렇다면 책을 읽는 것은 그 내용을 깨달아 현실을 판단하는데 도움이 되지 않는다는 결론에 이른다.

이 사실을 좀더 구체적으로 설명한다면, 우리가 흙탕길을 걸을 때 발자국이 생긴다. 신발을 닮은 발자국이다. 그러나 그것은 어디까지나 자국이지 신발 그 자체는 아니다. 동시에 신발은 결코 발자국이 아니라는 것이다. 이 예에서 보듯이 책에 쓰여져 있는 사실과 그로 말미암아 나타나는 현실적인 사실과는 동일한 것은 아니다. 반드시 다르다.

그러므로 책을 읽고 아무리 많은 것을 깨닫고 알아봤자, 사회 현실에는 아무런 도움이 되지 않는다는 것이 장자의 주장이다. 그래서 장자는 공자가 노자를 찾아 가르침을 받는 이야기를 예로 들고 있다.

『육경』은 선왕先王의 자취다

어느날 공자가 노자에게 물었다.

"저는 시경詩經·서경書經·예禮·악樂·역易·춘추春秋 등 이른 바, 옛사람들이 중히 여기던 『육경』을 모두 읽어보았습니다. 그런데 저로서는 그 책에 쓰여진 내용은 대개 익힌 걸로 생각합니다만, 제가 배운 그 학문만으로는 천하의 제후들과 유세하는데 전혀 도움이 되지 않습니다. 현재까지 72개 제후들에게 제가 배운 학문을 도도하게 설해 보았으나 한 사람도 그 도를 실행하고 있지 않습니다. 아무튼 인간이란 설복하기가 어려렵군요."

이에 대해 노자는 웃으면서 다음과 같이 대답했다.

"그렇던가? 거 참, 재미있군. 그러나 자네가 참다운 명군[名君 : 명석한 임금]을 만나지 못한 것은 어쩌면 자네의 행운인지도 모르지."

그러니까 노자의 생각으로는 책에 쓰여진 내용이 그대로 명군의 치적이라고 생각한다면 큰 잘못이라는 것이다. 공자는 그때마다 정신적으로 매우 심한 갈등을 느꼈다. 그때 가르친 유명한 말이 있다.

"육경은 선왕先王의 진적|陳迹 : 자취|이다."

『육경』은 당시 가장 존중 받던 훌륭한 전적典籍이지만, 그가 볼 때는 옛 성인이 남긴 낡은 자취에 지나지 않았다. 자취, 그것은 결코 행위가 아님을 밝히고 있다.

무엇보다도 장자가 독서를 부정하는 이유는 책을 읽는다 해서 참뜻을 깨우치지 못한다. 결국 인간의 참지식은 바른 뜻을 실행에 옮기고 나서야 비로소 밝혀진다. 따라서 독서 따위로 진지|眞知 : 참지식|을 얻으려는 것부터 잘못이라는 것이다.

이 점은 꼭 명明 나라의 왕양명王陽明이 주장한 지행합일知行合一, 즉 인간의 지식이란 실행이 있어야 비로소 뜻을 이른다. 실행이 함께 하지 않는 지식은 참지식이 아니라는 설과 같은 것으로 그 점에 있어서는 분명히 하나의 식견이라 할 수 있다. 장자는 이에 대해 예화를 들고 있다.[천운 : 天運]

책을 읽는 것은 옛사람의 찌꺼기와 같다

춘추시대 제齊 나라에 환공桓公이라는 호걸 임금이 있었다. 이 임금은 다섯 패자霸者 중에서 으뜸 가는 인물이다. 그가 어느날 방 안에서 책을 읽고 있으려니까 수레바퀴를 만드는 장인이 계단을 올라와서

"지금 공께서 읽고 계시는 책은 무엇이옵니까?"

하고 물었다.

이에 환공이 대답했다.

"성인의 말씀을 써 놓은 아주 귀한 책이다."

그 말을 들은 장인이 다시 물었다.

"도대체 그 성인은 지금까지 살아있을까요?"

환공이 대답했다.

"물론 죽었지."

"그렇다면 죽은 사람의 책을 공께서 읽고 계시니 고인의 조박|糟粕 : 찌꺼기|이 아니온지요. 옛사람이 먹다 남은 찌꺼기 같은 것이 아니옵니까?"

하며 껄껄 웃었다는 것이다. 이에 환공은 크게 화를 내며 꾸짖었다.

"무엄하구나. 패자인 내가 책을 읽고 있는데, 감이 네깐 놈이 어디라고 왈가왈부하느냐. 만약 적당한 변명이 있다면 모르되 그렇지 못하면 당장 물고를 내리라!"

그러나 장인은 태연하게 말했다.

"아니옵니다. 저 같은 놈이 무얼 알겠사옵니까 만은, 소인이 직업상 생각해 보면 공께서 책을 읽으시는 노력이 아무래도 부질없는 일같기에 말씀드린 것 뿐이옵니다. 소인도 직업에 있어서 약간은 깨달은 바가 있사옵니다. 우선 수레바퀴를 만들기 위해서는 한쪽 나무를 깎은 다음 그것을 구멍에 끼어야만 합니다. 이때 구멍이 너무 크다던가 깎은 나무가 크면 제대로 끼울 수가 없습니다. 또 깎은 나무가 작다던가 구멍이 작아도 마찬가지지요. 여기를 제대로 맞추기란 여간 어려운 일이 아니옵니다. 그렇지만 이럴 경우 소인의 솜씨가 제대로 꼬옥 맞게 가르쳐 주지요. 즉 손끝과 소인의 마음이 일치되면 굳이 칫수를 재지 않아도 됩니다. 그 요령은 말로는 할 수 없습니다. 그 요령이나 방법을 소인의 자식놈에 가르치려 했사오나 전혀 불가능했습니다. 제 나이 금년으로 일흔이옵니다만, 아직까지 이 일을 하고 있아옵지요. 생각해 보면 책에 씌어 있는 내용이 비록 훌륭하다 해도 그 좋은 점을 실행하느냐 않느냐는 요령이나 방법을 익힌 사람이 아니고서는 그림 속의 떡에 지나지 않사옵니다. 그래서 공께서 읽고 계신 것을 가리켜 고인古人의 찌꺼기와 같다고 말씀드렸을 뿐이옵니다."

이렇게 예를 들면서까지 변명하므로 화가 났던 환공도 느낀 바가 있어 일개 장인에게 굴복하고 말았다는 것이다.

이와 같은 예를 들어 장자는 단순한 독서로 수양의 도를 생각하고 있는 세상의 어리석은 사람들을 깨우치려 했던 것이다. 여기서 전개되는 의론은 다소 극단적인 것 같지만, 오늘날의 독서인讀書人들에게는 하나의 경고가 된다 하겠다.[천운 : 天運]

추구|芻狗 : 풀로 만든 개|의 운명

어느날 공자는 유세차 위 나라로 가기로 했다. 그때 문하생인 안연顔淵이 사금師金이라는 사람에게 물었다.

"이번에 우리 선생님 공자께서 위 나라로 떠나시게 되었소. 그런데 그 나라에 가셔서 어떻게 하면 정치를 잘 하실 수 있을까요?"

이에 대해 사금이 대답했다.

"그거 정말 야단났군요. 당신 선생님이 그곳에 가면 틀림없이 실패할 건데요."

라고 말하면서 사금은 다음과 같은 이야기를 들려주었다.

옛날에 추구芻狗라 하여 풀을 묶어서 개 모양으로 만든 허수아비를 제사 때 젯상에 올리는 예가 있었다. 이 추구는 제사가 올려질 동안에는 비록 하잘 것 없는 풀로 엮어 만든 것이지만, 좋은 상자에 담아져서 그 위에 비단으로 장식까지 한 성물聖物이다. 이를 신주|神主 : 제관|는 목욕제계하고 신께 바친다.

그러나 제사가 끝나면 곧 길바닥에 버려진다. 풀로 만들어진 형상이었기 때문에 길가는 사람들의 발부리에 짓밟히고 혹은 꼴을 베는 사람들은 그것을 주워다가 땔감을 하기도 한다. 이것이 추구의 운명이자, 말로이다.

이런 까닭으로 제사가 끝난 뒤의 추구는 아무 소용이 없는 풀뭉치에 지나지 않은 존재다. 한편 그 사실을 모르고 이를 상자 속에 간수한다던가 비단으로 장식해 둔다면 오히려 추구의 재앙을 받게 될지도 모른다.

그래서 어떤 어리석은 사람이 버려야 할 추구를 몰래 집에 가져와 신주단지처럼 모셔놓았다. 그러자 그날밤 꿈 속에 추구가 나타나자, 이것이 추구의 영험인 줄 믿고 미치다시피된 일까지 있었다.

지금 당신 선생인 공자가 위衛 나라로 옛사람들의 진적|陳迹 : 자취|인 책을 소중하게 가지고 간다고 하는데, 『육경六經』은 제사가 끝난 추구와 같은 것으로 아무 소용이 없다. 그 소용 없는 옛사람들의 진적을 언제까지나 신주 모시듯 하여 도道를 설하려 한다면 언젠가는 추구의 재앙을 받게 될 것이라고 안연에게 공자의 험담을 늘어놓았다.

공자 학파의 유일한 경전인 『교육경』도 장자의 독설에 맥을 못추는 꼴이다.

아무튼 장자는 독서로써 스스로 해박한 지식을 갖추었노라고 큰소리치는 당시의 학자들을 몹시 싫어했음을 엿볼 수 있다.[천운 : 天運]

유복儒服 자는 한 사람뿐이다

장자가 독서에 대해 의문을 품게 된 것은 당시의 사람들이 책을 통해 얻는 수양과 실행이 너무나도 일치하지 않은 현실에 대한 분노의 발로에서였다. 진지하게 생각하고 실행에 옮기지 못하는 독서가 과연 인생에 무슨 도움을 주겠는가. 장자는 무엇보다도 이 점에 깊은 분노를 느꼈던 것이다.

어느날 장자는 노 나라 애공哀公을 만났다. 그때 애공은 장자에게,

"우리 노 나라에는 유학儒學을 하는 사람이 많다."

라고 자랑스럽게 말했다. 그러자 장자는 때뜸 의론을 시작하며 이런 말이 오갔다.

"공께서는 지금 노 나라에 유학자가 많다고 하셨는데, 과연 그럴까요?

"그렇소. 잠깐 나라 안을 살펴보더라도 유복을 입은 자가 많지 않소."

옛날의 유자儒者들은 모두 둥근 관冠을 쓰고 네모난 신발을 신고 있었다. 둥근 모자는 하늘을 본뜬 것으로 유학을 하는 자는 하늘의 때를 안다는 뜻을 나타내고, 네모난 신발은 땅을 본

뜬 것이다. 곧 유자는 땅의 형세를 안다는 의미를 나타내는 말이다.

그리고 결玦이라 하여 구슬 한쪽이 떨어져 나간 고리를 허리에 매달고 있었다. 그것은 무슨 일을 당했을 때 결단을 내리는 의지를 뜻한다.

이와같이 천시天時을 알고 지세地勢를 알며, 어떤 경우에 임하여 결단할 수 있는 자세를 유자의 도道라 하여 형식상 환관방이결대圜冠方履玦帶의 유복을 몸에 걸쳤다. 걸치레였다.

임금의 말을 들은 장자는 이렇게 반문했다.

"그러나 공께서 하시는 그 말씀도 어쩐지 수긍이 가지 않습니다. 유자의 도를 행하고 있는 사람이 꼭 유자의 의상을 입어야 한다고는 말할 수 없고, 유자의 의상을 하고 있는 사람이 꼭 유자의 도를 실행하고 있다고는 볼 수 없지요. 만약 공께서 저의 말을 못 믿으신다면 나라 안에 이런 포고布告를 내리시면 어떨지요. '우리 노 나라에서 유자의 도를 실행하지 않으면서 유복을 입고 있는 자가 있다면 당장 주살誅殺할 것이다!'라고 말입니다."

그래서 애공은 장자의 말대로 당장 포고령을 내렸다. 그러자 그 포고가 나온 지 5일이 못되어 노 나라에는 유복을 입은 사람이 한 사람도 보이지 않았다. 즉 유학을 위장한 사람이 많았지만, 유학의 도를 실행하는 자는 없다는 걸 증명한 셈이다.

그러나 그 중에 오직 한 사람 위장부偉丈夫만이 유복을 입고 임금 앞에 나타났다. 그래서 애공은 신통하게 여겨 그에게 국사國事에 대해 물어보았다. 그러자 그는 정치 문제나 집안을 다스리는 문제에 대해 당당하고 청산 유수 같이 자기의 뜻을 말하는 것이었다. 이 말을 듣고 장자는,

"노 나라는 과연 대국이다. 그런데 참다운 유자는 오직 한 사람뿐입니다. 공께서는 처음에 노 나라에 유자가 많다고 하셨지만, 그건 잘못이 아니었는지요."

라며 임금의 의론을 반박했던 것이다.

장자가 무엇 때문에 이런 우화를 말하는가 하면 학문을 하고 책을 읽는 사람은 많을 지 모르나 이를 실행하는 자는 적다. 그러므로 비록 만 권의 책을 읽었다 해도 무슨 도움이 되겠는가. 세상의 독서가라 함은 노 나라의 유자와 같은 존재가 아니냐면서 단순한 독서를 경멸하고 있고 있다.

한편 장자는 『시서육경詩書六經』을 정독한 당대의 뛰어난 독서가였다. 그의 진정한 마음은 독서를 부정하지는 않았을 것이다. 당시 참다운 독서를 별로 하지 않은 어설픈 학자들이 횡행하고 있었기에 그들에 대한 하나의 경고로 이런 의론을 한 것인지도 모른다.

교식矯飾의 언言에 대해서 말하는 자의 허물을 묻는 것보다 듣는 자가 먼저 자성해야 할 일이 아닌가 한다. [전자방 : 田子方]

자기 본성에 맞아야 맞는 것이다

원래 장자는 자연을 존중했으므로 앞에서 말한 것처럼 독서를 다소 멸시하는 의론을 강조하고 있다. 그처럼 다변가이며 능변가였으므로 때로는 마음에 없는 말까지 서슴없이 입밖에 내뱉기도 한다.

그의 의견에 따르면 인간은 본성 그대로를 유지해야 최상의 인격을 갖출 수 있으며, 바람직한 참모습이라는 것이다.

이를테면 백이伯夷, 숙제叔齊라던가, 기자箕子, 서여胥余, 기타紀他, 신도적申徒狄이라던가, 옛 성인, 현인이라 불리우는 사람들일지라도 자기 본성에 맞는 뜻을 삶의 바탕으로 하지 않는다면 참인간이라고 할 수 없다.

우리가 존중해야 할 사람은 자기 분수에 맞는 뜻을 본분으로 삼은 사람이다. 그런 사람이라면 세간의 체면이나 흐름, 명예나 자랑에 관계없이 자기 본성에 맞는 것을 맞다고 봄으로써 인격을 갖춘 사람이 최상의 인물이다.

그에 대해 장자는 특유의 능변을 발휘하여 큰 도적인 도척盜跖도 이십사효二十四孝의 증曾, 사史와 다를 게 없다고 엉뚱한 소리를 하고 있다.[대종사 : 大宗師]

도를 따라 헤매는 자와 물질에 자기를 잃는 자

장자의 생각은 도둑질을 하는 도척盜跖이나 부모에게 정성을 기울려 효도하고, 수행을 다한 승삼曾參이나 사추史鰌도 본성에서 멀리 떨어졌다면 모두 같다는 얘기다.

이를테면 한 그루의 큰 나무가 있는데, 어떤 사람은 그 나무를 잘라서 제기祭器를 만든다. 이것은 제사때 쓰는 소중한 제물을 담는 그릇이므로 아름다운 색깔로 장식도 하고 조각도 한다.

그러나 본질은 목재다. 한편 사람들은 쓰다 남은 목재는 사용 가치가 없다 하여 아무 데나 내팽겨쳐 버린다. 이는 세상에서 보통 이루어지고 있는 일인데, 곰곰이 생각해 보면 내팽겨쳐진 나무 조각과 소중한 제기로 만들어진 나무는 그 본질에 있어서 다를 바가 없다.

그런데 사람들은 이 두 가지 사이에 큰 다름이 있는 것처럼 생각하고 취급하지만, 과연 그 행위가 옳은 것일까. 본래의 성性, 즉 나무로서의 본성을 잃은 점에서는 양자가 모두 같지 않은가. 그렇다면 도척이나 증삼도 그 행위는 다를지언정 본성을 잃은 점에서는 같다는 것이 장자의 논리다. 그러나 이토록 극단적인 논리를 역설하는 장자 역시 궤변가인 것 같다.

장자는 독서가나 수행자를 거침없이 매도하고 그것도 모자라 폐몽|蔽夢 : 도를 따라 헤매는 자|의 백성이니 도치|倒置 : 물질에 의해 자기를 잃는 자|의 백성이니 하는 말까지 만들어 학자들을 욕하고 있다.

먼저 장자는 도道에 헤매는 사람을 '폐몽의 백성'이라고 말하고 있다. 속학俗學을 익혀 본성으로 돌아가려는 사람이나 속된 생각에 미혹迷惑되어 양심을 밝게 하려는 사람을 통틀어 폐몽의 백성으로 보는 것이다.

또 학문 수업을 했으나 본성에서 떠나 다른 방면으로 기울어져 마침내 물질 때문에 자기 자신을 잃는 사람이 있다면 장자는 이들을 도치의 백성이라 멸시하고 있다.

장자가 생각하는 바른 사람과 세간 사람들이 생각하고 있는 바른 사람은 그 방향이 다르다. 그래서 장자는,

'천지소인天之小人은 인간의 군자君子요, 사람의 군자는 하늘의 소인이다.'

라고 말하고 있다.[선성 : 繕性]

부묵副墨 선생에게 듣다

어느날 남백자기라는 사람이 인간의 생과 죽음의 문제에 대해 여우라는 사람으로부터 가르침을 받았다. 여러 가지로 설명을 들은 뒤, 자기는 여우에게 물었다.

"이제까지의 말씀, 그걸 선생께서는 도대체 누구에게서 들으셨는지요?"

그런데 그에 대한 여우의 대답은 학문과 독서에 관한 것 뿐이었다. 그때 여우는 이렇게 말했다.

"맨 처음엔 부묵 선생으로부터 들었지요."

여기서 부묵이란 문자文字를 말한다. 자기가 또 물었다.

"그러면 부묵 선생은 또 누구에게서 들었을까요?"

그러자 여우가 대답했다.

"낙송洛誦의 손자에게서 들었지요."

낙송이란 문구文句를 암송한다는 뜻이다. 자기가 이어서 낙송의 손자는 또 누구에게서 들었을까요? 하고 물었다.

그러자 여우가 말했다.

"섬명瞻明으로부터 들었지요."

섬명이란 실제로 눈으로 보는 일이다. 그래서 자기는 또 섬

명은 누구에게서 들었느냐고 묻자,

"섭허聶許에게서 들었지요."

하고 여우가 대답했다.

섭허란 귀로 듣는 일이다. 섭허는 또 누구에게서 들었느냐고 묻자, 여우는 수역需役에게서 들었다고 대답했다. 수역이란 행동으로 나타내는 실천을 말한다.

이어서 자기가 다시 물었다.

"그렇다면 수역은 또 누구로부터 들었을까요?"

"그건 어구於謳에게서 들었지요."

여우가 대답했다.

그래서 이번에는 그 어구는 또 누구한테서 들었느냐고 묻자, 여우는 현명玄冥으로부터 들었다고 말했다. 현명이란 어두워서 뭐가 뭔지 분간할 수 없는 불가사의玄妙不可思議한 경지를 뜻한다.

그 현명은 또 누구에게서 들었느냐고 묻자, 여우는 삼료參寮에게서 들었다고 대답했다. 삼료는 세 가지 적막寂寞함을 말하는데, 여우의 생각으로는 첫째가 생生이요, 둘째가 사死, 셋째는 생도 사도 아닌 것이라고 말했다.

자기는 이어서 그 삼료는 또 누구에게서 들었느냐고 물었다. 이에 대해 여우는 의시疑始로부터 들었다고 대답했다. 의시란 모든 걸 의심함을 뜻한다.

여우가 대답한 것들은 모두 인간 수양의 순서를 말함이다. 그러니까 문자만 보고 아는 것만으로는 참지식이 못되고 문자로 배운 것을 암송할 정도를 익혀야 한다는 것이다. 그러나 익힌 것이라 해도 결국 문자상의 연구이므로 그것만으로는 참지식이 되지 못하고, 실제적으로 사람이나 사물을 직접 눈으로 보고 귀로 들어서 생각하지 않으면 안 된다.

그러나 이 역시 이목耳目의 학문에 지나지 않으므로 한 걸음 나아가 행동으로 나타내야 한다. 이를 수역需役이라 한다. 그 수역도 마지못해 실행해 갈 정도라면 진짜 지식이 아니며, 그것을 기뻐하고 찬양하고 탄식할 정도로 음미할 줄 알아야 참지식이 된다는 것이다.

또한 마지막에는 유현幽玄하고 불가사의한 경지에 들어 사생死生을 초월하여 인생이 무엇인가 하는 크나큰 의문에 이르지 않으면 참지식이 아니라는 것이 여우의 대답이다. 그만한 수양을 거쳐야만 비로소 참지식을 얻을 수 있음을 뜻한다.

즉, 인간의 지식이란 의문에서부터 시작되고 그 의문이 깊어지면 생사를 잊고 삼료 현명參寥玄冥 사이에서 방황하게 되어 어구於謳의 탄성으로 나타난다. 그리고 마침내는 행동으로 나타나서 사람들의 이목耳目에 닿게 되어 그것이 전해져서 나중에는 문서로 남게 된다.

문서는 지식의 입구이지만, 한편으로는 참지식의 끝도 된다. 말하자면 옛사람故人의 지식의 찌꺼기糟粕이다. 이렇듯 장자는 치언卮言으로 교묘하게 자기의 독서관을 말하고 있다.

무욕으로 천하를 바로잡다

우리들은 자신의 욕欲을 자제하고 있지만, 그 금기가 잘 실행되었을 때 비로소 바른 일을 할 수 있다.

그러므로 노자는

"무욕無慾함으로써 조용하면 천하는 스스로 바르게 된다."

라고 말한다.

우리가 욕심을 없애고 마음을 조용히 하면 천하는 스스로 다스려진다는 뜻이다. 또한 사심사욕私心私欲을 버린 인간, 이것이야말로 완전한 인간이므로 '이를 현동玄同이라 한다'라고 설명한다.

현玄이란 유현불가사의幽玄不可思議이며, 동同은 만물을 한가지로 본다는 뜻이다. 즉 그 사람은 유현하여 만물 일체관에 철저할 수 있는 인간이라고 칭찬하고 있음을 말한다.

노자는 이상과 같이 금욕설을 주장하고 오관五官의 욕망을 될 수 있는대로 없애라고 가르치고 있는데, 장자 또한 그 설을 받들고 있으므로 대체적으로 노자와 같은 논조로 주장하고 있다. 장자는

"오색五色은 눈을 흐트리고 오성五聲은 귀를 흐트리며, 오취

五臭는 코를 막게 하고, 오미五味는 입을 흐리게 하며, 취사 趣舍는 마음을 어지럽게 한다."

라고 말하는데, 이것은 앞에서 말한 노자의 말을 그대로 따온 것이다.[천지 : 天地]

천하를 천하에 간직하다

장자는 인간이 높은 학문에서 한 걸음 더 나아간 자기 수양의 경지에 놓여 있다고 한다면, 굳이 금욕을 하지 않아도 욕망은 사라진다고 주장하고 있다.

원래 사람이란 자기의 물건을 보존하기 위해서 무엇이나 한데 모아 집 안이나 창고에 간수해 두려고 하는 습성이 있다. 그것이 잘못이다. 그와 같은 얕은 생각을 가지고 있으니까, 힘센 도둑이 들어오면 언제라도 그 물건을 훔쳐 갈 수 있다는 것이다.

그러므로 우리가 마음을 넓게 갖고 천하를 자기의 창고로 생각하고 그 안에 재화財貨를 간수해 둔다고 하면 어떻겠는가. 그렇게 하면 아무리 도둑이 들어 그 재화를 훔치려 해도 가져갈 수 없지 않겠는가라고 말한다.

"천하를 천하에 간직하면 잃은 곳을 얻지 못한다."

이 말은 차원을 초월한 고답적인 커다란 금욕설의 근거를 제공하고 있다.[대종사 : 大宗師]

기夔는 현蚿을 부러워한다

우화를 즐기는 장자는 인간의 욕망은 끝이 없다고 말한다. 인간만이 아니라, 살아 있는 모든 생명체는 자기 자신에게 만족하고 있지 못함을 경고한다.

항상 자기 이외의 다른 것을 부러워하게 마련이라면서 다음과 같이 말하고 있다.

"기夔는 현蚿을 부러워한다. 또 현은 뱀을 부러워한다. 뱀은 바람을 부러워하고, 바람은 눈目을, 눈은 마음을 부러워한다."

여기서 기夔라 함은 옛날 전설에 나오는 외발 짐승을 가리키는데, 모양이 소 같고 뿔이 없으며 푸른 빛깔을 띠며 우는 소리가 우뢰와 같다.

옛날 황제黃帝가 치우蚩尤라는 악인을 정벌했을 때 이 동물의 가죽으로 북을 만든 일이 있는데, 그 북소리가 천 리 밖까지 들렸다고 한다. 이 짐승이 외발인데 비해 현蚿은 노래기로서 발이 백 개 이상이다.

그런데 이 글이 뜻하는 외발뿐인 기는 발이 많은 노래기를 부러워한다. 하지만 노래기는 발이 한 개도 없는 뱀이 맘대로 돌아다니는 걸 보고 이를 부러워한다. 그런데 뱀은 또 자기는 발이 없어도 돌아다닐 수 있는데, 저 바람은 아무런 모습도 나타내지 않으면서 멀리까지 갈 수 있다. 그래서 바람을 부러워한다.

또 그 바람은 자기가 행동하려면 어딘가로 옮겨가야 하는데 눈目은 움직이지 않고도 먼 곳을 볼 수 있다 하여 눈을 부러워한다. 그리고 눈은 다시 자기로 하여금 먼 데까지 이르게 하려면 감각 때문이므로 그 감각을 즉, 마음을 부러워한다는 것이다.

요컨대, 이 글의 뜻은 모든 사물은 자기 분수에 만족하지 못하고 늘 자기 이외의 것을 부러워하고 있는데, 이것이 만물에게 숨어 있는 공통된 성격이다. 게다가 그 부러워하는 정情은 어디까지나 끝이 없고 만족을 못한다.

그러므로 끝없는 걸 쫓는 어리석음을 버리고 적당히 욕欲을 억제하는 것이 좋다. 분수를 지키고 명命에 따르면 인간에게는 부질없는 괴로움이 없어진다는 비유다.[추수 : 秋水]

분수에 따르다

앞의 원문은 옛부터 기문奇文으로 알려져 있는데, 사실 장자 자신도 그 나름의 해석으로 글뜻에 변화를 주고 있다. 그러면서 모든 점에 있어서는 자신의 천분[天分 : 분수]을 알라, 즉 지족안분知足安分의 가르침으로 이끌어간다.

앞의 글 중에 기타[뱀]와 현[노래기]의 문답이 나오는데, 먼저 뱀이 노래기에게 묻기를,

"나는 발 없이도 껑충껑충 뛰어다닌다. 그래서 세상에는 나보다 더한 것이 없다고 생각하는데, 너는 그토록 많은 발을 가지고 있으면서도 걷는다는 점에서는 결국 마찬가지가 아닌가!"

하며 노래기를 가엾게 여긴 것이다. 이에 대해 노래기는 고개를 설래설래 내두르며 대답했다.

"아니지. 내가 많은 발을 갖고 있다 해도 그것은 오직 나의 천기[天機 : 천분]를 움직이고 있을 뿐이야. 뭐, 고생스러울 건 없다네."

다음에는 노래기가 뱀에게 말했다.

"나는 이렇게 많은 발을 가지고 움직이고 있는데, 너는 발이

없는데도 걷고 있지 않은가. 나는 도저히 너를 따라갈 수 없어."

그러자 뱀이 대답했다.

"아니다. 내가 발 없이도 돌아다닐 수 있는 건 천기에 의한 것이지."

다음에는 뱀이 바람에게 말했다.

"나는 열심히 등뼈를 움직여서 기어다니는데, 너는 그런 고생도 없지 않은가. 그런데 봉봉연蓬蓬然하게 북해에서 일어나 남해로 날은다. 어떻게 그런 재주를 부리는가!"

이에 바람이 대답했다.

"과연 그렇다. 나는 북해에서 남해로 단번에 날아간다. 보기에는 형태도 그림자도 없는 나를 놀리는 자가 있을지도 모르지. 그러나 저 큰 나무나 집채까지 넘어뜨리는 것은 누구의 힘인가?"

대개 이같은 문답을 전개하고 있다. 전체적으로 무엇을 말하는지 알 수 없는 점도 있으나 장자는 이 문장을 들어 모든 것에는 천분天分이라는 것이 있어서 그 천분에 만족하고 있으면 불평불만은 생기지 않는다는 걸 말하고 있다. 이 역시 금욕을 말하는 하나의 가르침이다.[추수 : 秋水]

의료宜僚의 교훈

장자는 금욕이 인간 수양의 중요한 방법으로 여러 가지 설을 내세웠는데, 어느 누구보다도 우화를 즐기는 장자는 시남市南에 살고 있는 의료宜僚라는 사람이 노공魯公을 면회한 재미있는 이야기를 다음과 같이 설명하면서 우리들에게 교훈을 주고 있다.

어느날 노공이 의료를 만났다. 그때 공은 매우 걱정스런 얼굴을 하고 있었다. 그래서 의료가 물었다.

"공께서는 매우 걱정스러운 기색이 있사옵니다. 도대체 어찌된 일이옵니까?"

이에 노공이 대답했다.

"그렇소. 실은 나에게 한 가지 걱정이 있소. 이제까지 나는 선왕의 도를 배워 선조의 사업을 이어받아 조상을 공경하고 세상의 현인들을 존경하며 훌륭한 일은 모두 실행해 왔소. 그럼에도 불구하고 나는 여러 가지 재앙을 겪고 있소. 이것이 나의 걱정거리요."

이 말을 들은 의료는 다음과 같이 설명해 주었다.

"그것은 공께서 재앙을 쫓는 방법이 잘못되어 그러하옵는 것입니다. 이를테면 여우라든가 표범처럼 가죽이 아름다운 동물을 보십시오. 그들은 모두 조심성이 많은 동물로서 평소에는 깊은 산에 살며 바위 틈이나 굴 속에 숨어 있지요. 그리고 낮에는 될 수 있는대로 나돌아 다니지 않다가 밤이 되면 활동합니다. 그토록 조심스럽지만 결국 덫이나 그물에 걸려 죽게 됩니다. 그것은 왜 일까요. 원인은 그들이 갖고 있는 아름다운 가죽에 재앙의 원인이 있는 겁니다. 지금 공께서 걱정하시는 일 역시 풍요로운 노 나라 때문입니다. 그러므로 공께서 그 재앙을 면하시려면 노 나라를 버리셔야 합니다. 즉 인생의 욕망을 버리고 특별한 세계로 나가셔야 합니다."

그러면 어떻게 하면 되는가?

그것은 이른바 무인無人의 땅, 건덕健德의 나라로 갈 수밖에 없다. 건덕의 나라 백성들은 모두 박눌[朴訥 : 소박]하고 욕심도 적고 나라는 존재도 없다. 그리고 살아 있는 동안 만큼 삶을 즐기고 죽으면 고요히 그 땅에 묻힐 뿐이라는 것이 의료의 주장이다.

이 말을 들은 노공이 자신의 심경을 고백한다.

"그것도 좋은 일이나 그 건덕의 나라로 가려면 길도 멀 것이고, 또 험준하기도 할 것 아니오. 나에게는 배도 수레도 없으니, 아마 그 나라로 가기가 어려울 것 같소."

이에 의료는 다음과 같이 말했다.

"그렇다면 공께서 형거形倨를 없애고 유거留居를 없애면 될 것입니다. 그것이 수레를 만드는 까닭이지요."

형거形倨란 자기의 모습에 붙어 있는 오만한 생각을 뜻하는데, 이것을 없애라는 말은 즉, 인간의 체면 같은 것은 버리라는 뜻이다. 그리고 유거留居는 자기가 있는 곳을 지키는 일인데, 이를 없애라는 말은 이기적인 자신의 처지를 떨쳐버리라는 것이다.

이를 실행하면 그것이 공公의 수레가 되고 배가 되어 쉽게 건덕의 나라로 갈 수 있다는 의료의 생각을 나타낸 말이다. 요컨대 자신을 비우고 욕심을 버리라는 가르침이다.

이에 대해 노공은 말했다.

"당신은 그렇게 말하지만, 그렇게 먼 나라로 가면 사람도 없고 이웃도 없지 않을까요. 또 먹을 것도 없을 것이니 살기가 어렵지 않겠소?"

이에 대해 의료는 나즉히 말해 주었다.

"지금 공께서는 먹을 것을 말씀하셨는데, 공이 욕심을 버렸다면 어찌 식량 따위가 필요하겠습니까. 또 이웃이 없어 쓸쓸하다고 하셨는데, 이웃이 없는 것이 오히려 행복하지요. 사람과 멀리 하고 떨어져 사는 것이 참 행복을 누리게 되는 방법이지요."

즉 세속의 욕망을 버리고 인간으로부터 떨어지는 것이 참다운 수양의 요결이라고 가르친다.

장자는 이와같이 여러 가지 우화를 지어 우리들에게 금욕의 가르침을 알려주고 있다.[산목 : 山木]

허와 정의 앞뒤

노자는 일찍이 '허치극虛致極하면 독수정篤守靜이라'고 하여 허虛가 정靜보다 앞선다고 말하고 있다.

이에 대해 장자는 '정즉명靜則明하고 명즉허明則虛하니 허즉무위虛則無爲라.'고 하여 정이 허보다 앞선다고 가르치고 있다.

허가 먼저이고 정이 나중인지, 정이 먼저이고 허가 나중인지 이는 하나의 의문이다.

그러나 우리가 진정으로 허심虛心 속에 있으면 마음이 흐트러지지 않으므로 고요해지는 것도 사실이다.

또 깊은 밤 주위가 조용할 때 마음을 고요히 하면 그로 말미암아 허심을 이룰 수 있다. 이른바 허심의 선후 문제는 때와 경우에 따라 다를 지는 모른다.

노장의 정靜에 대해 말해 보기로 하자.

노자는 허와 정을 나누어 얘기하는 경우가 많은데, 그중에 정에 대한 노장의 해석은 욕망이 없는 인간의 올바른 모습을 말하는 것 같다.

'정靜하면 천하가 정正해진다.'

'정을 즐기면 백성이 스스로 바르게 된다.'

라는 문귀들이 그것을 증명하고 있다.

이 경우의 정이란 욕망에 얽매이지 않은 정신의 정지 상태를 말하는 것이다. 그리고 노자는 이 정지 상태의 고요함이 실은 그 반대의 동의 근원으로 보고 있는 것 같다. 정이 이기면 열熱이 된다.

즉 고요함이 철저해지면 거기서 열이 생긴다. 활동하는 근본이 된다는 것이다. 또 그는,

'고요한 것은 시끄러운 것의 근본이다.'

라고도 한다.

이 말 역시 고요한 것이 곧 시끄러운 것, 즉 활동을 지배하는 주인공이 된다는 뜻인데, 결국 정이 동動의 근원임을 말하고 있다.[천도 : 天道]

천도天道는 고요하다

노자의 생각은 장자에게로 이어진다.

『장자』「천도편天道篇」은 그의 사상을 이어받은 후인이 쓴 것 같은데, 그 내용을 살펴보면 성인聖人의 고요靜는 정을 좋아 하기 때문에 그것을 배워서 고요해지는 것이 아니라고 설명하고 있다.

'만물萬物로써 마음을 흐트리는 일이 없다. 그래서 고요하다.'

하고 말하고 있는데, 즉 성인에게는 마음을 흐트리는 욕망이 없으므로 고요하다는 것이다. 이는 노자가 무욕無欲으로써 정의 본질을 설한 것과 같다.

한편으로는 정이 동動의 근본임을 말하고 있는데, 이 설에 따르면 천도 · 제도|帝道 : 王道| 또는 성도聖道 등은 모두가 운행하여 머무르는 것이 아니다. 게다가 그 활동이 어디서 왔느냐 하면, 그 근본에는 반드시

'매연昧然하여 고요한 것이 있기 때문이다.'

라고 설명한다.

이것은 정이 곧 동의 근본이라는 노자의 의견을 그대로 전

하고 있음을 알 수 있다.

장자는 또 '정즉동靜則動하고 동즉득動則得하다.'라고도 말한다.

'정즉무위靜則無爲하다. 무위하면 곧 일을 맡은 자에 책임이 있고, 무위하면 곧 유유兪兪하다. 유유하면 우환憂患이 깃들지 못하고 연수年壽가 길어진다.'

이는 일찍이 노자도 말하지 않은 내용인데, 무위하면 일을 맡은 자에게 책임이 없다는 말은 매우 시사하는 바가 크다.

백성의 위에 군림하는 자가 아무 일도 하지 않는다. 윗사람으로 일을 하지 않음은 잘못된 것 같이 보이지만, 일을 하지 않고 아래 사람에게 책임을 느끼도록 하는 것은 통치의 위대한 행위이다.

그 다음의 무위하면 곧 유유兪兪하다는 뜻은 윗사람이 무위의 정치를 하면 할수록 천하의 아래 사람들은 유쾌한 생활을 한다는 뜻으로 이 역시 정靜의 효과적인 일면을 제대로 말한 명언이라 하겠다.[천운 : 天運]

마음을 비우면 사물을 포용할 수 있다

마음을 비우는 것은 자기 자신을 풍부하게 하기 위해서다. 만약 마음을 비우지 않고 가슴 속에 항상 '내가, 내 것이' 하는 아我가 자리잡고 있다면, 어떻게 밖으로부터 남의 가르침이나 친구의 충고를 받아들일 수 있겠는가.

밥그릇이든 술잔이든 속이 비어 있으니까 밥도 담고 술도 따를 수 있는 것이다.

노자는 일찍이 다음과 같이 말했다.

"삼십복三十幅도 일곡一轂과 함께 한다. 그것이 없으면 수레로서 구실을 못한다. 흙을 빚어 그릇을 만든다. 그 형태가 없음으로 하여 그릇 구실을 한다. 호유[戶牖 : 들창]를 팜으로서 비로소 방이 된다. 그 없는 것으로 하여 방의 구실을 한다. 그러므로 있는 것으로써 이利를 삼는 것은 없는 것으로써 구실을 삼기 때문이다."

이 뜻을 이어받은 장자는 마음을 스승으로 삼는 것, 자기의 마음을 주로 하는 것, 성심成心 있는 것, 자기와 같은 생각을 갖는 것이 수양하는데 가장 큰 잘못이라고 경고하고 있다.

『장자』에 씌어 있는 남곽자기의 말을 주의해 볼 필요가 있다.

'성심成心에 따라 이를 스승으로 삼으면, 어느 누가 스승이 되지 못하겠는가?'

자기 마음 속에 이루어진 어떤 고정된 뜻을 근본으로 삼아 가장 훌륭한 것이라고 생각하게 되면 뚜렷한 주장을 내세울 수 있다. 그러나 그것만으로는 옳고 공평한 의론을 할 수가 없다고 가르치고 있다.

또 마음을 스승으로 삼는 것을 경고한 이야기도 있다.

어느날 공자의 문인 안회顔回가 유세에 나가려고 하자, 공자는 이에 대해 여러 가지로 훈계한다.

"이제까지의 너의 논의는 모두 마음을 스승으로 삼는 것이었다. 그대는 그대의 마음을 스승으로 삼고 있기에 다른 가르침이 들어오지 못하는 거다."

즉 장자의 생각은 이러한 성심成心 · 사심師心을 우선 없앤 다음에 즉虛를 지키려고 힘썼던 것이다.[제물론 : 제물론]

멈춰 있는 물에 비추어 보아라

허심虛心의 필요성은 마음을 비웠을 때 바른 모습을 볼 수 있다.

거울은 무슨 까닭으로 사물의 모습을 제대로 비칠 수 있는가. 그것은 거울에 모양도 빛깔도 없기 때문이다. 형태도 없고 빛깔도 없음으로 해서 세상의 모든 모습이 거울 속에 올바르게 비추어지는 것이다.

그래서 장자는 '사람들은 흐르는 물에 비추지 않고 멈춰 있는 물에 비추라.'고 가르친다.

흐르는 물은 흔들리므로 거기에 제대로 모습이 비치지 않는다. 멈춰 있는 물, 흔들리지 않는 비어 있는 물에만 모습이 제대로 비친다는 뜻이다.

장자는 이어 다음과 같이 말한다.

'오직 멈추는 것만이 모든 것을 멈추게 한다.'

좀 이해하기가 어려운 말이지만, 오직 멈춰 있는 것만이라 함은 자기 자신의 마음을 멈춰 있는 물처럼 유지할 때라는 말이다. 또 모든 것을 멈추게 한다는 것은 외부 현상계의 멈춰 있는 올바른 모습이라는 뜻이다.

그 바른 모습을 내 마음에 멈춘다는 것은 말하자면, 허심虛心이 되었을 때만 상대의 참모습을 그대로 내 마음에 비출 수 있다는 말이다.

다시 장자의 말은 이어진다.

'수정즉명水靜則明이고 수미鬚眉를 비춘다. 평준중平準中하여 대장취법大匠取法이라.'

즉 물이 고요하면 맑아서 사람의 눈썹까지도 비춘다. 고요해졌을 때만이 수준기水準器가 되어 큰 목수의 동량棟梁도 그에 따라 수준을 정하게 된다는 뜻이다.

장자는 이 말에 이어 다음과 같이 덕을 찬양하고 있다.

'성인聖人은 마음이 고요하기에 천지天地의 귀감이며 만물의 거울이 되느니라.'

그러므로 허심이 되면 세상의 모습을 제대로 자기의 마음에 비출 수 있다. 즉 세상의 모습을 제대로 자기 마음에 비출 수 있을 때 비로소 세상을 올바로 판단할 수 있다. 이와같이 허심은 우리들에게 사회를 똑바로 보고 제대로 판단하는 중요한 작용을 안겨준다.[천도 : 天道]

마음을 비우면 자신을 볼 수 있다

공자의 문인 안회는 일찍이 위 나라로 가서 정치를 하려 했다. 그러나 스승인 공자는 끝내 허락을 하지 않는다. 그래서 안회는 공자에게

'단端하고 허虛하면 면勉하여 하나로 삼는다.'

'내직이외곡內直而外曲하다.'

라는 말을 내세워서 여러 가지로 허락해 주기를 바랐으나, 공자는 여전히 고개를 젓는다. 그래서 안회는 애원했다.

"제가 굳이 말씀드릴 것이 없으니 부디 가르침을 주십시오."

그러자 공자는 비로소 입을 열어 "제齊하라."라고 말했다. 즉 모든 걸 버리라는 말이다.

이 말을 듣고 안회는

"아니옵니다. 제하는 것이라면, 저는 일찍부터 이를 실행하고 있사옵니다. 집안은 원래 가난했으므로 술은 입에 대지도 않습니다. 그래서 훈[葷 : 부추 같은 냄새 나는 식품]도 섞지 않사옵니다."

라고 말하자, 공자는 간절히 타일렀다.

"그건 제사 때의 제야. 내가 말하는 건 마음의 제다. 그러니

까 마음을 비우라는 거야. 모든 것을 듣는데 귀로써 들어서는 안 된다. 마음으로 들어야 한다. 아니다. 마음으로 들어서도 안 되지, 기機로서 들어야 해. 귀로 들은 것은 귀에 머무르게 되고 마음으로 들은 것은 마음 속에 머물기 마련이야. 다만 기란 원래 허虛한 것, 밖의 자연에 따른다. 그래서 도라는 것은 이 허에만 모이지. 그 허를 이루는 것, 그것이 바로 마음의 제다."

이렇게 공자는 안회에게 벼슬의 첫걸음에 대해 허의 공용功用을 설했던 것인데, 그 뒤로도 허虛에 대해서는 도처에서 자세히 설명하고 있다.

세상에는 지식을 이용하여 아는 체 하는 자가 많으나 지식을 쓰지 않고 사물을 아는 인간은 드물다.

텅빈 방 안에 조용히 앉아 있어 보라. 앉아서 마음을 비우면 캄캄한 밤이라도 그 어둠 속에서 스스로 밝음을 느끼게 될 것이다. 이른바 '허실虛實이 백白을 낳는다.'라는 가르침을 깨달을 수 있다.

이는 음미해 볼 만한 말이 아닌가. 뭔가 마음에 걸려 풀리지 않는 일이 있을 때 툭툭 털고 밖으로 나가 바람이라도 쏘이고 나면 순간적으로 가닥이 풀리는 경우가 있다. 이 역시 마음이 비워져서 희망의 불빛을 발견할 수 있기 때문이다.

이상과 같이 허의 이로운 점과 마음가짐 등에 대해 여러 가지로 살펴보았는데, 허의 해로운 면은 어떤 것인지, 먼저 장자의 '외중자外重者는 내졸內拙하다.'라는 말을 상기해 볼 필요가 있다.[인간세 : 人間世]

겉이 무거우면 속은 엉성하다

도박을 할때 값싼 개와[蓋瓦 : 돈]을 걸고 놀음을 하면 잘 된다. 그러나 개와보다 조금 값 나가는 물건이나 장식품을 걸면 별로 패가 나오지 않는다. 그래서 이번에는 값 나가는 황금을 걸면 더욱 패가 잘 나오지 않아서 잃게 된다.

왜 그런가? 요컨대, 값싼 것은 별로 집착이 가지 않으므로 마음이 허해져서 오히려 패가 잘 나온다. 이에 반해 값비싼 것을 걸면 꼭 따려고 하는 욕심을 내기 때문에 마음이 흐트러진다. 그래서 오히려 패가 안 나오게 된다.

이런 예를 든 장자는, '외중자外重者는 내졸內拙이다.'라는 말을 덧붙이고 있다.

우리들이 평소에 흔히 경험하는 바인데 허심, 즉 마음을 비우지 않고는 무슨 일을 해도 제대로 되지 않는다.

이를테면 너무 글을 잘 쓰려고 하면 오히려 엉성한 글이 된다. 시험 때도 미리부터 멋있는 답안을 쓰려고 생각하면 오히려 실패하게 된다.[달생 : 達生]

허虛를 방해하는 것

장자는 마음의 허를 이루는데 방해가 되는 네 가지 사항에 대해 친절하게 가르치고 있다. 이를 알면 저것을 없애는 허심에 대한 하나의 방법이 될 것이므로 그 전체적인 내용을 살펴보기로 한다.

방해가 되는 첫 번째에 들어 있는 사항은 부귀富貴 · 현엄顯嚴 · 명리名利다. 이것은 부富라든가, 지위라든가, 이익 등은 이 세상을 살아가는데 있어 부러워하는 사항들이다.

두 번째 방해되는 것은 용동容動 · 색리色理 · 기의氣意인데, 이것은 자기의 얼굴이나 태도 같은 것을 치장하여 남에게 잘 보이려 하는 생각이다.

세 번째로 방해하는데 숨겨져 있는 사항은 악욕惡慾 · 희노喜怒 · 애락哀樂이다. 이것은 외경外境에 대한 인간의 정의 움직임이다.

네 번째로 방해하는데 숨겨져 있는 사항은 거취去就 · 취여取與 · 지능知能인데, 자신이 사회에 처하는 태도와 처리를 말한다.

이상 네 가지에 들어 있는 사항은 우리의 마음을 어지럽히는 주요한 요인들이다. 즉 우리들은 세상에서 부러워하는 것, 부귀, 권리에 의해 마음이 움직이고 또는 자기의 태도를 아름답게 보이려는 허영심, 또는 외식심外飾心에 의해 마음이 어지러워지고 처세의 길에서 헤매여 어지러워진다.

그러나 이 네 가지에 들어 있는 항목을 삼가면 마음을 비울 수 있고, 어떤 일이라도 이룰 수 있다고 가르치고 있다.

이는 그 항목 하나하나에 대해 생각하고 덕목으로 삼으면, 허심을 얻는 공부로는 매우 훌륭한 말이 아닌가 한다.[경상초 : 庚桑楚]

술에 취한 자는 죽지 않는다

열자는 어느 날, 스승 관윤자關尹子에게 물었다.

"옛날의 지인은 위태로운 곳에 가더라도 탈없이 그곳을 지나가고, 불을 밟아도 뜨겁지 않고, 높은 곳에 올라가도 두렵지 않다고 하는데, 도대체 어찌된 일일까요?"

그러자 관윤이

"그건 마음이 비어 있기 때문이다. 순기純氣가 가득 차 있으면 다른 잡념이 들어갈 여지가 없어. 그렇기 때문에 술에 취한 사람은 넘어져도 부상을 당하지 않지. 술이 그 사람의 모든 걸 지배하고 있기 때문이야.

술도 이럴진대 하물며 술보다 존귀한 인간의 순기가 만약 우리 몸 속에 가득 차 있으면 잘못을 저지르려고 해도 할 수 없는 거지."

'취자醉者는 수레에서 떨어져도 죽지 않는다.'

술 취한 사람의 골격이나 관절이 보통 사람과 다른 것도 아닌데, 그는 오직 술에 취해서 '그 정신이 완전히 비어 있다.'는 것이다.

즉 마음에 잡념이 없으므로 수레에 탔다는 자각도 없고 또 수레에서 떨어졌다는 자각도 없다. 그러니까 생사生死라는 공포 같은 것이 가슴 안으로 전혀 들어오지 않았으므로 자연히 부상을 당하지 않는다.

실제로 우리들 주위에서도 얼마든지 경험할 수 있는 일이다.[달생 : 達生]

어느 자살자의 이야기

동해 어느 해안에 높은 낭떨어지가 있었는데, 그 아래는 아홉 길이나 되는 못이 있고, 험한 바위가 솟아있었다. 그 낭떨어지 위에 작은 가게가 있는데, 주인은 30년 동안 장사를 하며 살고 있었다.

그 사람의 이야기에 따르면, 투신 자살하기에 안성맞춤인 장소인지 이곳을 찾아 자살하는 사람이 일년에 몇 명이 된다고 했다. 그리고 투신하면 모두 죽고마는데, 30년 동안에 오직 한 사람만이 죽지 않았다는 것이다. 사연에 의하면 정신이 약간 돈 사람이었다는 것이다.

또 얼마 전에 서울의 고층 아파트에서 세 살난 어린아이가 잘못하여 떨어졌으나 상처만 조금 입었을 뿐 생명에는 아무런 지장이 없었다는 이야기도 있다.

이는 앞에서 말한 장자의 가르침대로 정신이 정상이 아니어서 다른 두려움이 생길 여지가 없었기 때문이며, 마음이 비어 있음으로 해서 다른 사념이 끼일 여지가 없었다. 즉 위험하다던가 무섭다는 생각없이 매우 자연스런 모습으로 떨어져 버리니까, 오히려 부상조차 입지 않았던 것이다.

마음을 비우면 남을 탓하지 않는다

장자는 허심한 자는 남으로부터 원망을 받지 않는다고 가르치고 있다.

'기심伎心 있는 자라도 표와飄瓦는 원망치 않는다.'
라는 말이 그것이다.

기심이란 남을 욕하거나 해치는 마음이며, 표와란 회오리 바람에 흩날리는 기와장을 뜻한다. 그러므로 아무리 남을 해치려는 생각을 가진 나쁜 사람일지라도 바람에 흩날린 기와장이 자기를 다치게 했어도 원망하지 않는다는 말이다.

아무리 난폭한 인간이라도 상대가 기와장처럼 무심하다면 이에 대해 원망할 리가 없다. 내가 마음을 비우고 있으면 어떤 경우라도 상대로부터 미움을 받는 일이 없다. 이렇게 장자는 허심의 이로움을 우리들에게 가르치고 있다.

장자는 또 허심이야말로 예도藝道에 숙달하는 가장 좋은 방법이라며 권한다.[달생 : 達生]

습관에 따르고 천성에 맡기고 운명에 맡긴다

어느날 공자는 여량呂梁이라는 곳으로 여행을 갔다. 그곳에 큰 폭포가 있었는데, 떨어지는 물거품은 40리 밖까지 이어졌다. 자라나 거북이도 그 급류 속에서는 살지 못할 만큼 무섭고 거센 흐름인데, 한 사나이가 물 속으로 덤벙 뛰어드는 광경이 목격되었다. 이 광경을 보고 놀란 공자는 문인을 불러서 황급히 말했다.

"저기 사람이 빠졌으니 빨리 가서 구해 주어라. 그는 아마 뭔가 괴로운 일이 있어서 자살할 모양이다."

그러나 강물 속에 뛰어든 사나이는 천연스럽게 물 속에서 나오더니 젖어 흐트러진 머리칼을 쓰다듬지도 않은 채 노래를 부르며 걸어가고 있지 않은가.

이상하게 여긴 공자는 그를 불러 세워 물어보았다.

"여보게 젊은이, 자네는 보통 사람이 아닐세. 나는 자네가 귀신인 줄 알았네. 어떻게 위험한 물 속으로 뛰어들고도 그토록 태연하단 말인가! 뭔가 특별한 방법이라도 있는가?"

그러자 젊은이는 태연하게 말했다.

"아닙니다. 무슨 방법이 있겠습니까? 다만 저는 시고이始故

而에서 성장하고 성명成命하는 것뿐입니다. 그저 그런 것뿐이지요."

그러니까 습관에 따르고 자기 천성에 맡기며 또 운명에 맡기고 있을 뿐이라는 말이다.

그는 소용돌이가 치면 그 속으로 말려들어가고 거품이 나면 또 그것과 함께 떠오르며, 조금도 자기 뜻을 내세우지 않고 아무 일도 하지 않으며, 그저 물의 흐름에 따라 그 속을 부침浮沈하고 있을 뿐이라는 말이다.

이 말을 들은 공자는 크게 깨달았다고 한다.

"역시 인간은 사지私智를 부려서는 안 된다. 마음을 비우고 자연에 따르면 모든 것이 해결된다."[달생 : 達生]

몰인沒人의 경지

공자의 문인 안연은 상심觴深이란 못가에서 한낮을 즐기고 있었다. 그때 거기에 뱃사공이 있었는데, 배를 다루는 솜씨가 귀신 같았다. 그래서 안연이 물었다.

"그대가 그토록 배를 잘 다루는데, 거기에는 무슨 방법이라도 있는가?"

그러자 사공이 이렇게 말했다.

"아닙니다. 별다른 방법이 없습니다. 다만 저는 헤엄치는 것이 남보다 좀 뛰어났지요. 그러나 쑥스러운 이야기입니다만, 몰인沒人의 경지에 이르렀답니다. 그러니까 제가 말하는 몰인이라 함은 강에서 헤엄을 쳐도 배를 보지 않아요. 배를 보지 않는다는 것은 배가 뒤집히는 걸 본다는 겁니다. 마치 수레가 뒤집히는 걸 보는 것처럼 조금도 신경을 쓰지 않는 거지요."

이 역시 허심의 경지를 칭찬한 이야기다.[달생 : 達生]

하늘로써 하늘에 합친다

신경梓慶이라는 장인이 나무를 깎아 조종釣鍾의 거鐻, 즉 종을 매다는 고리를 만드는 이야기가 있다. 그런데 나무고리가 너무 훌륭하여 사람이 만든 것 같지 않았다. 그래서 노 나라 임금이 뭔가 특별한 방법이 있느냐고 물었다.

그러나 신경은 정중하게 물음에 답했다.

"아니옵니다. 소인은 오직 한낱 장인이므로 별다른 기술이 없사옵니다. 다만 굳이 말씀드리자면 소인은 어떤 경우에나 기氣를 소모하지 않고 정신을 통일하고 있을 따름이옵니다. 그러기 위해 사흘 동안은 모든 것을 멀리 하온데, 그 동안에는 재물이나 명예도 잊사옵니다. 다음에 또 닷새 동안을 이렇게 비예교졸誹譽巧拙을 하옵니다. 그것이 끝나면 또 칠일 동안을 다시 그렇게 하옵니다. 이쯤되오면 이미 소인은 사지 형태를 잊게 되옵니다. 즉 마음이 오로지 허虛의 상태가 되옵지요. 비로소 완전히 통일된 정신 상태로 산으로 가서 나무를 골라 고리를 만듦으로 소인이 고리를 만듬은 하늘로써 하늘에 합하는 일이옵니다."[달생 : 達生]

활은 쏘지 않겠다는 마음을 가지고 쏘아야 한다

옛날에 열어구列禦寇라는 활쏘기 명인이 있었다. 그는 당대의 궁술 명인 백혼무인伯昏無人에게 사사했으나 궁도는 이미 극의에 이르렀으므로 시위를 당길 때는 자세를 바르게 하고 어깨 위에 물잔을 올려놓아도 조금도 동요치 않는다. 게다가 속사에도 통달하여 본인은 이를 자랑으로 삼았다.

그런데 그 모습을 보고 스승 백혼무인이 꾸짖었다.

"네가 지금 활을 쏘는 건 쏘겠다는 마음 뿐이지 불사不射의 마음은 아니다."

즉 활 쏘는 사람의 활쏘기이지 활을 쏘지 않는 사람의 활쏘기가 아니라는 말이다. 그 때의 백혼무인의 생각은 활을 쏘겠다고 다짐한 마음을 가지고 있다면 활쏘기는 아직 진짜가 아니다. 활을 쏜다는 마음을 완전히 잊은 사람의 활쏘기만이 진짜라는 것이다.

백혼무인은 이어 열어구에게 명령하듯 말했다.

"너의 활쏘기가 진짜가 아니라는 증거를 보여주겠다. 나를 따르라!"

두 사람은 높은 산으로 올라갔다. 그곳은 매우 험준한 암산으로서 그 아래에는 백인百仞이란 호수가 있었다. 이윽고 암산 위에 선 백혼무인은 열어구에게 명령했다.

"자, 여기서 한 번 활을 쏴 보아라."

열어구는 그런 곳에서는 별로 익숙하지 못해 몸이 와들와들 떨리고 땀이 비오듯 했다. 도저히 활을 쏠 수가 없었다.

그 모습을 보고 백혼무인은 그의 경솔함을 꾸짖었다.

"그것 보아라. 이제 알겠느냐? 너의 활쏘기가 진짜가 아니라는 걸…… 진짜가 되면 마음이 비워지는 거야. 마음이 비워지면 어떤 곳에 가든 흔들림이 생기지 않아."

궁도의 깊은 뜻을 나타내는 명구가 있다.

당기지 않는 시위, 놓지 않는 화살로
쐈을 때는 맞지 않아도 빗나가지는 않는다.

그러니까 시위를 당기겠다고 생각하면 그것은 이미 사도邪道다. 쏘겠다는 욕망이 바로 사도라는 것이다. 오직 마음을 완전히 비우고 쏠 때만이 빗나가는 일이 없는 참다운 활의 도를 터득할 수 있다. 활의 극의는 역시 허심에 의해서만 터득할 수 있다는 말이다.

이는 궁도에만 국한되는 말이 아니다. 유도나 검도, 그밖의 무술에도 해당된다. 극의極意, 즉 통달하려면 활을 쏜다라든가 칼을 쓴다고 하는 생각을 보는 데까지 이르러야 한다. 거기까지 허심이 되어야만 비로소 진짜가 된다.[전자방 : 田子方]

지도至道의 정

황제는 말할 것도 없고, 천자로는 중국 최초의 제왕인데, 이 황제가 천자가 된 지 19년, 백성을 잘 다스려 나라는 부유해지고 태평세월을 구가하던 때의 이야기다.

당시 현인 광성자廣成子는 공동산空同山이라는 산 속에 살면서 명성을 얻었다. 그런데 그 소문을 들은 황제가 그를 만나기 위해 산으로 갔다. 황제는 그를 만나자, 이렇게 물었다.

"듣건대, 선생은 인간의 참다운 도를 닦으셨다는데, 실은 나도 인간지도人間至道의 정精을 연구하여 그에 따라 오곡五穀을 만들고 백성을 기르며 태평세월을 이루고자 하는데, 그러려면 어떤 좋은 방법이 있겠소?"

이 말을 듣고난 광성자는,

"지금 제께서는 지도의 정을 듣고자 하시는데, 그것은 인간의 본질에 맞는 매우 중요한 일이옵니다. 그러나 오곡을 풍성하게 하고 백성을 기르며 훌륭한 정치를 베푸시겠다는 그 바램은 대단히 죄송하오나 과녁이 빗나가 있사옵니다. 뜻하시는 지도의 정은 좋사오나 꼭 해야겠다는 욕망은 잘못이옵니다. 왜냐 하면 그 생각의 밑바닥에는 모순이 깔려 있으므로 황제의 정치는 제대로 되지 않을 것입니다. 구름이 미처 일기도 전에 비가 오고 초목들의 잎이 물 들기 전에 시들어 떨어지는 격이옵니다."

라고 점잖게 제를 타이르는 것이었다.

그러나 황제는 무슨 말인지 그 뜻을 알지 못했으나 뭔가 깊은 지혜가 있다고 믿어 당장 제위를 떠나 천하를 버리고 오막살이에서 흰 멍석을 깔고 그곳에 살면서 몸을 닦았다. 이는 모두 자기 수양을 위한 상고上古의 풍습이다.

이렇게 석 달 동안 몸을 닦고 마음을 고요히 한 후 다시 황제는 광성자를 찾았다. 그러자 광성자는 어떤 자가 찾아왔는가 아랑곳없이 냉랭한 얼굴로 누워 있었다. 황제는 말없이 공손한 태도로 방 안으로 들어가 윗목에 앉아 간곡히 말했다.

"오늘 또 가르침을 받으러 왔습니다. 부디 나에게 진짜 도를 가르쳐 주십시오. 어떻게 하면 나는 몸의 건강을 지키고 오래 살 수 있을런지요."

그러자 이번에는 광성자도 매우 기뻐하며,

"그것 참 좋은 질문이십니다. 제께서 오늘 비로소 오래 살 수 있는 방법을 물으셨는데, 그것이 진짜입니다. 천하를 다스린답시고 밖의 일에 마음을 쓰시지 않고 우선 내 몸을 기르는데 마음이 미치셨으니 큰 진보입니다."

라고 말하며 건강법에 대해 가르쳐 주었다고 한다.

이와 같이 정치의 도道 이상으로 양생의 도를 중시한 노장은, 그렇다면 어떻게 해야 건강할 수 있는가를 생각해 냈는데, 이에 대한 노자의 말을 살펴보기로 한다.[재유 : 在宥]

적게 하는 것이 좋다

노자는 말한다.

"사람을 다스리고 하늘을 섬기려면 색[嗇 : 아낌]보다 더한 것은 없다."

사람을 다스리는 정치의 도나 자기의 몸을 기르는 양생養生의 도는 모두 될 수 있는 한 일을 적게 하여 욕심을 부리지 않고 일의 분량, 음식의 분량을 적게 하는 것이 좋음을 지적한다.

앞에서 여러 번 언급했지만, 노자는 좀 지저분한 문자를 쓰는 버릇이 있는데, 여기서도 색이라는 말을 쓰고 있다.

이 색은 모든 것을 적게 한다는 뜻인데, 『논어』에 나오는 약約이라는 말과 같은 뜻이다.

『논어』에 '약이지실자約以之室者는 불선不鮮이라.' 하여 모든 일에 소극적인 필요성을 말하고 있다.

즉 먹는 것도 서운할 정도로, 일도 서운할 정도에서 끝냄이 양생의 도가 된다는 것이다.

어느 95세의 장수자는 양생 비결로 오직 '사[些 : 모자람]'라는 한 글자를 지켰다는 것이다. 공부도 모자람, 노력도 모자람, 음식이나 그밖의 욕망도 모자람, 즉 웬만큼 서운한 정도에서 그치는 일로서 노자가 말하는 색嗇과 같은 뜻이다.

모든 일을 소극적으로 해두면 회복도 빠르다. 노력도 면력勉力도 서운할 정도로 해두면 정력의 회복도 빠르므로 항상 자기가 지니고 있는 덕을 쌓아가는 수행이 된다. 그것이 양생으로나 정치적으로도 최상의 방법이다.

여기서 노자는 다시,

"모름지기 색嗇하면 조복早復한다. 조복이 거듭되면 덕德이 쌓아지며 덕이 쌓아지면 무엇이나 못할 일이 없다. 못할 일이 없으면 그 극極을 알게 된다."

라고 하여, 이것이 뿌리를 튼튼하게 하는 방법이며, 곧 장생구시長生久視의 도라고 말한다.

구시久視란 오랜 시간 동안을 눈 깜짝하지 않고 있는 자세를 말함인데, 도가道家에서는 이를 장수 비결로 삼고 있다.

장자의 양생론은 노자를 이어받은 것이다. 이는 위에서 말한 황제와 광성자의 문답으로 알 수 있다.[노장 59장 : 老子五十九章]

보지도 말고 듣지도 말라

광성자는 또 황제에게 말했다.

"모든 일에 혼혼묵묵昏昏默默하라."

즉 모든 이목耳目을 쓰지 말라는 뜻이다.

"보지도 말고 듣지도 말라."

"포신砲身하여 고요하라."

"그대의 몸을 피로케 하지 말며 정精을 동하게 하지 말라."

그것이 이루어지면 장생할 것이라고 가르쳤다. 요컨대 광성자가 가르치는 바는 부질 없는 일에 몸을 닳게 하지 말며 정신을 닳게 하지 말라는 것이다.

"눈이 볼 곳이 없고, 귀가 들을 데가 없고, 마음이 아는 데가 없으면, 신神은 본래대로의 몸을 지켜줄 것이며, 그렇게 되면 자연히 장수할 수 있다."

이와 같이 몇 가지 장생의 도를 가르치고 난 광성자는 자기 자신은 앞에서 말한 여러 가지 조항을 지켜왔기 때문에 오늘날 1천 2백세라는 장수를 누리면서도 몸과 마음이 조금도 쇠하지 않았다고 큰소리를 쳤다.

이상, 장자가 말하고 있는 내용을 요약해 보면 정력을 축적

할 것, 이목구복耳目口腹을 쓰지 말것, 양생의 도, 즉 매사에 무리하지 않는 것이 무엇보다도 중요함을 강조하고 있는데, 특색이 있다.

『장자』에 「양생주養生主」편이 있는데, 특별히 이 점에 대해 언급하고 있다.[재유 : 在宥]

양생주養生主, 소의 전체를 보지 않는다

요리를 잘 하는 사람을 포정庖丁이라고 부르는데, 그 포정이 어느날 문혜군文惠郡이라는 임금을 위해 소를 잡았다.

그런데 소를 잡는 그 솜씨가 잔인하기는커녕 너무나 아름다웠다. 몸동작의 민첩함, 손놀림, 어깨를 붙이는 모습, 발을 딛는 태도, 무릎의 굽힘과 등의 움직임에 이르기까지 모두 절도가 있고 원칙을 거스리지 않는, 더욱이 칼로 고기를 뜨는 소리까지도 음악적이었다.

장자는 이를 '상림桑林의 춤에 맞고 경수經首의 회會에 맞는다.'라고 쓰고 있다.

상림桑林이란 은 나라 탕왕이 만든 무곡의 이름이며, 경수經首란 요임금이 만든 음악이다. 회會는 그 음악의 합주음이다. 그러니까 표정의 칼질이 옛날의 아름다운 명곡에 맞춰져 있다는 말이다.

그 모습을 보고 문혜군은 놀랬다. 기술도 이 정도로 뛰어날 수가 있을까 하고. 그런데 문혜군의 탄성을 들은 포정은 임금이 말한 기술이라는 말이 마음에 들지 않았다. 그래서 임금 앞으로 나아가 이렇게 아뢰었다.

"신이 지금 닦고 있는 몸가짐은 도이옵니다 술術이 아니옵고 그 이상의 것이옵니다."

그러면서 자기의 소 잡는 솜씨를 설명한다.

"저는 이제까지 많은 수양을 하여 왔나이다. 처음으로 소를 잡을 때는 여기에도 또 저기에도 소라는 짐승이 눈앞에 어른거려 어떻게 해야 할지 몹시 망서렸지요. 그런데 3년쯤 지나니 소를 잡으려 하자, 그때부터 소가 눈앞에 어른거리지 않았습니다. 그래서 지금은 오직 정신으로 소를 잡고 있나이다. 그러므로 손은 자연히 멈출 때에 가서 멈추게 되고 움직여야 할 때에 움직이게 되옵니다. 그리고 또 살과 살 사이에는 반드시 틈새가 있지요. 그 틈새에 저의 칼이 들어가게 되니 쉽게 고기를 떠낼 수 있습니다. 이제까지 한 번도 살과 뼈와의 딱딱한 이음새에 칼을 대본 적이 없나이다. 하물며 딱딱한 뼈에 칼을 댄 일은 더더군다나 없습니다. 곰곰이 생각하옵건데 세상에서 요리를 잘 한다고 이름이 나 있는 사람이라도 1년에 한 번쯤은 칼을 바꿉니다. 이는 모두 억지로 뼈나 심줄 같은 딱딱한 부분에 칼을 대기 때문입니다. 이에 반해 신은 오늘까지 19년 동안에 몇 천 마리의 소를 잡았사오나 조금도 칼날이 부디어지지 않았사옵니다. 언제나 방금 숫돌에 갈아 온 것처럼 칼날이 서 있지요. 사실 신도 어려울 때가 많은데, 그때마다 신은 여기에 주목하여 한 번 결정을 하면 살과 살 사이의 틈새를 노려 단번에 잘라 내는 그 순간의 기분이란 뭐라 말할 수 없이 통쾌하옵지요. 칼을 닦으며 사방을 둘러보며 형언할 수 없는 성취감에 젖게 되나이다."

라고 자세하게 그 도를 설했다. 그래서 문혜군도,

"음, 참으로 훌륭한 교훈을 받았노라. 오늘 나는 포정의 말을 듣고 나의 양생의 도를 깨달았노라!"
하며 감탄했다는 것이다.

요컨대 이 이야기는 무리를 하지 않는 것이 양생의 유일한 도임을 가르친 것으로, 이는 노자가 색嗇의 도로써, 또는 조복早復의 도로써 양생의 요결로 삼는 것과 일맥상통한다.[양생주 : 養生主]

잠자리와 음식에 대한 주의

장자는 우리들이 일상생활을 하면서 근신하는 자세가 양생의 최대 요건이라고 말하고 있다.

『장자』「달생편」에서 말하기를 대부분의 사람들은 여행할 때 일어나는 위험을 매우 두려워한다. 하지만 여행한다고 해서 모두가 위험에 놓이지는 않는다. 10명 중에 1명이 죽음을 당한다면 대단한 문제로 보여진다. 사실 여행은 위험률이 낮은 편인데, 옛날에 여행을 떠나게 되면 온 식구들이 걱정하며 하인이나 아이들까지 거느리고 떠난 기록이 보인다.

이토록 위험을 두려워하면서도 한편으로 우리들은 일상생활을 반복하는 동안, 즉 부부간의 잠자리나 하루하루의 식사에 대해서는 전혀 주의를 기울이지 않는다. 이는 경중經重을 전도하고 있다는 것이다.

우리가 오히려 더 주의할 점은 부부간의 잠자리나 음식에 있다고 가르치고 있다. 무엇보다도 분명한 일인데도 우리들의 양생법으로는 자칫 잊기 쉬운 일이므로, 특히 이런 점에 주의해야 한다고 지적하고 있다.[양생 : 養生]

살려고 애쓰는 자는 살지 못한다

노장학자들이 양생의 도에서 강조하는 요점은 너무 마음을 쓰지 말라는 것이다. 오히려 양생에 해가 된다.

이에 대해서 노자는 너무 살려고 애씀을 경고하며 삶을 해롭게 하는 것을 상[祥 : 불길]이라 하였는데, 장자는 이 점에 덧붙여 '생살자生殺者는 불사不死하고, 생생자生生者는 불생不生한다.'고 강조하고 있다.

이런 일은 우리가 일상생활을 통해서 흔히 경험하는 바로 양생에 대해 너무나 집착하면, 그것이 오히려 우리의 몸과 마음을 해치게 됨을 경고한다.

이 점에 대해 장자는 「달생편」에서 '생生의 정情에 통하는 자는 생으로써 할 필요가 없는 일은 하지 않는다.'라고 했는데, 이 말은 만고의 명언이다. 즉 양생의 도에 다다른 사람은 하지 않아도 되는 일은 하지 않는다는 뜻이다.

아무튼 세상의 양생가들은 저 약을 먹어야 한다, 이 일은 해서는 안 된다고 말하고 있는데, 이런 것들의 태반은 엉터리라는 말이다.

장자는 또 그 글에서 '양형자養形者는 반드시 물질을 앞세우고 물여物餘하되 양형치 못하는 자도 있다.'라고 말한다.

즉 육체를 기르고 튼튼히 할 경우 모든 사람들에게는 물질이 필요하다는 것이다. 그러므로 영양이 풍부한 음식을 먹지 않으면 안 된다고 지적하고 있다. 그러나 실제로는 자양분도 풍부하고 약물도 남아돌지만 육체가 꼭 길러지는 것은 아니라는 사실을 말한다.

병이란 기氣를 잃는 상태이다. 세상에는 양생에만 너무 신경을 써서 기를 잃은 사람이 많다.

장자가 제 나라 환공桓攻의 이야기를 예로 든 것도 그 기병氣病을 경고함인지도 모른다.[달생 : 達生]

환공桓公, 귀신을 보고 두려워하다

어느날 환공은 신하 관중管仲이 모는 수레를 타고 사냥에 나섰다. 그러자 저쪽에서 귀신 같은 물체가 나타났다.

이를 보고 놀란 환공이 관중의 손을 꼬옥 붙들며 겁에 질린 목소리로 황급히 말했다.

"저, 저보라구. 저기 이상한 것이 있는데, 너도 보았느냐?"

이에 관중은,

"아니옵니다. 제 눈에는 아무것도 보이지 않는데요."

라고 대답했다.

그러자 환공은 자기 눈에만 그런 것이 보였는가 하여 더욱 무서움을 느껴 그 뒤로 며칠 동안은 밖에도 못 나갔다. 그런데 그때 제齊 나라에 한 점장이가 그 소식을 듣고 환공의 기병氣病을 고치기 위해 찾아 왔다. 그러나 기를 잃고 있는 환공은 대뜸 그에게 물었다.

"아니, 세상에 귀신 같은 것이 있느냐?"

그러자 그 사나이는 미리 마음먹은 일이 있는 지라,

"그리하옵지요. 있고 말고요. 못이나 방죽에 가면 그곳을 지키는 방죽귀신이 있고, 산에 가면 산을 지키는 산귀신, 들에 가면 들귀신 등 도처에 귀신이 있사옵지요."

라고 대답했다. 그 말을 듣고 더욱 겁이 난 환공이 물었다.

"그래, 그러면 또 묻겠는데, 그 못이나 방죽에 있는 귀신은 어떤 모양을 하고 있을까?"

이때 환공은 실제로 못으로 가서 거기 있는 귀신을 본 일이 있었으므로 그 진부를 알아보기 위해서였다. 그러자 이 사나이는 환공이 보았다는 귀신의 모습을 상상하면서 이렇게 대답했다.

"예, 못에 사는 귀신은 크기가 수레만 하고 그 길이는 원|轅 : 수레의 끌채|만큼 길며, 늘 보랏빛 옷을 걸치고 빨간 벙거지를 쓰고 있는데, 그 말소리는 뇌성처럼 크고 우렁찹니다."

이것은 환공이 보았다는 귀신의 모습을 전해 듣고 그대로 한 말이다.

이 말을 듣는 동안 환공은 더욱 겁에 질려 와들와들 떨고 있었는데, 점장이는 내심 기뻐하면서 이렇게 덧붙였다.

"그런데 옛부터 이 귀신을 본 사람은 천하의 패자覇者가 된다는 말이 있습지요."

이 말을 듣고 한공은 비로소 마음이 놓여 좋아하며,

"글쎄다. 내가 본건 그 귀신이었어."

라고 털어놓았다는 것이다.

원래 기병은 마음의 병이므로 그 후로 곧 병이 나아서 정신을 가다듬고 나라 일에 전념했다는 이야기다.

이는 어떤 사람일지라도 마음을 앓는 기병은 다 갖고 있는 것이니 너무 생生을 기르는 데만 마음을 쏟는다는 것은 잘못이라는 하나의 예화이다.

한편 영웅인 환공이 설마 귀신 따위에 벌벌 떨리도 없었을 것이다. 오히려 영웅이 사람들을 속이는 하나의 술책으로서 자기가 천하의 패자로서의 바탕을 굳혔다는 술책이었는지도 모른다.

그렇다면 양생의 도와는 아무런 관계가 없는 이야기가 되지만…. [달생 : 達生]

양생의 두 가지 뜻

노장의 양생법에 대해 여러 가지로 이야기했는데, 이들의 양생법과 보통 사람들의 양생법이 다른 점은 단순한 육체를 기르는 일만이 아니라 처세의 보신술까지도 양생이라는 말에 포함시키고 있다는 점이다.

노자는 일찍이 '생生을 섭攝하는 자'라는 말 속에 양생이란 사람은 땅 위를 걷고 있을 때도 사나운 짐승을 만나지 않고, 군대에 가도 투구나 갑옷 무기 등을 쓰거나 사용하지 않음과 같다고 표현한다. 그래서 호랑이도 발톱을 쓸 여지가 없고 무기도 칼날을 쓸 데가 없다는 것이다.

왜 그런가 하면, 그 사람에게는 죽는다고 하는 여지가 없기 때문이다. 이 설명에 따르면 노자가 말하는 섭생攝生은 결코 육체만 살려가는 것이 아니라, 인생 전체를 통한 보신保身의 도를 가리키고 있다고 볼 수 있다.

즉 보통의 뜻으로 건강 유지 외에 삶에 대한 일체의 집착을 탈각하여 유유자적 처세하는 것까지 포함시켜 양생법이라고 말하고 있다.[노자 50장 : 老子五十章]

중용中庸으로 모범을 삼는다

양생주라 함은 육체를 기르는 보통의 뜻을 가진 양생의 도를 말한다. 그와는 별도로 '위선爲善하되 이름名譽에 가까이 하지 말며, 위악僞惡도 형形에 가까이 해서는 안 된다.'라는 말이 있다.

즉 착한 일을 해도 명예를 바랄 정도로 해서는 안 되며, 또한 악한 일을 한다 해도 형벌을 받을 정도까지 해서는 안 된다는 것이다.

그러면 어떻게 해야 하는가?

'연독이위경緣督以爲經하다.'

이렇게 하면, '보신保身되고 생을 바르게 하며, 천수天壽를 다 할 수 있다.'라고 맺고 있다.

여기서 '연독이위경緣督以爲經'이라 함은 무슨 일이나 더도 말고 덜도 아닌 중용中庸을 지킨다는 뜻으로, 위에서도 말했듯이 착한 일을 해도 명예를 얻을 정도로는 하지 말고, 비록 악한 일을 한다 해도 벌을 받을 정도까지는 하지 말라는 뜻이다.

독督이란 등판의 봉합선을 말하는 것인데, 모든 것의 중앙, 곧 중용을 뜻한다.

중용을 인생 행동의 지침經으로 삼으면 모든 일을 바르게 할 수 있다. 그래서 몸을 기르는 일도, 천수를 누리고자 하는 일도, 부모를 봉양하는 일도, 삶을 이루는 일도 가능하게 된다고 맺고 있다.

이 내용이 「양생주」편 첫머리에 나오는 것으로 보아 장자가 말하는 양생의 도가 결코 우리들이 흔히 생각하는 육체적인 양생에만 그치지 않는다는 점을 알 수 있다.[양생주 : 養生主]

때에 따르고 순리에 따른다

장자는 「양생주」편 끝장에서 '택치澤雉는 십보일탁十步一啄하되 번중樊中에서 길러지기를 바라지 않는다.'라고 맺고 있다.

못가에 사는 꿩은 여간해서 먹이를 얻을 수 없다. 그래서 열 걸음을 걸어야 겨우 한 톨의 씨앗을 얻을 수 있고, 백 걸음을 걸어야 비로소 한 모금의 물을 마실 수 있다. 그토록 먹고 마시는데 힘들지만, 조롱 속에 갇혀 먹는 것에 모자람없이 사는 걸 바라느냐 하면 결코 그렇지 않다.

육체 생활은 고생스럽지만 마음의 자유를 더 그리워함이 만물의 정이라는 것이다.

장자는 이어 '안시순처安時順處하면 입불능애락入不能哀樂이라.'고 했다.

즉 운명에 맡기고 자연의 순리에 따르면 슬픔이나 기쁨이 생기지 않는다는 것이다. 그러니까 장자의 양생도는 결코 단순한 육체상의 양생만이 아니라는 뜻을 말하고 있다.

곰곰이 생각해 보면 양생의 도에는 두 가지 면이 있다는 사실을 알 수 있다. 첫째, 마음의 평안을 얻지 않고는 진정한 건강을 지킬 수 없음을 말한다.

둘째, 처세를 위해서는 보신保身의 도를 다 하여야 비로소 참다운 양생을 얻을 수 있다. 이렇듯 우리들이 양생이라고 하면 오직 육체만을 생각하고 있는 것이 잘못임을 엿볼 수 있다.

노장老莊이 양생의 도에 대해 터무니 없는 말을 한 것은 아니다. 보신의 도를 양생의 도 범주에서 강조한 점은 올바른 견해이며, 비상한 탁견이었다.

이상과 같이 노장이 말하는 양생에는 육체상의 보신과 처세상의 보신, 두 가지 면이 있음을 말했다. 이 두 가지 뜻의 양생, 그 어느 것도 소홀히 해서는 안 된다. 한쪽을 중시하고 한쪽을 소홀히 한다든가 또 다른쪽을 중히 여기고 한쪽을 소홀히 해서도 안 된다.

그래서 장자는 또 다음과 같은 전개지田開之의 이야기를 예로 들어 가르치고 있다.[양생주 : 養生主]

양을 치는 것과 같다

주 나라 위공에게 전개지田開之라는 사람이 찾아왔다. 이때 위공이 그에게 물었다.

"그대는 양생의 도에 밝은 대가라고 하는데, 나에게 그 요령을 알려줄 수 없는가?"

그러자 전개지는 다음과 같이 말했다.

"아니옵니다. 신은 양생의 도에 대해서 아는 바가 없사옵니다. 다만 듣기에 참다운 양생가는 양羊을 치듯이 한다는 것이옵니다. 그러니까 뒤에 처진 자에게는 채찍질이 중요하다는 거지요."

이 대답에 위공이 그 까닭을 물었는데, 전개지는 다음과 같은 이야기를 들려주었다.

옛날 노魯 나라에 단표單豹라는 사람은 대단한 양생가로서 70세까지 장수하였다. 항상 소년과 같은 혈색을 잃지 않았는데, 어느날 이 사람이 깊은 산 속에서 굶주린 호랑이를 만나 무참하게 먹이가 되었다고 한다.

이와 반대로 장의張毅라는 사람은 매우 재주가 뛰어난 사람으로 여기저기 사람들을 찾아 다니며 오래 살 수 있는 방법을 물었으나 마침내 열병을 앓아 불과 40세에 요절하고 말았다.

이 두 가지 예를 두고 생각해 보면 단표는 자기의 내면을 기르는 데에 마음을 썼지만, 결국 호랑이라는 밖으로부터의 재앙에 의해 죽게 되었고, 장의는 이것저것 바깥 사정에 주의를 기울였으나 내부에서 생긴 병은 이를 막아주지 못했다.

즉 이들 두 사람은 자기가 뒤져 있는 것에 채찍질을 하는 마음은 가지고 있었지만, 결론적으로는 참다운 양생이 될 수 없다는 이유로 이야기를 끝맺고 있다.

결국 이 이야기는 양생에는 두 가지 면이 있는데, 하나는 육체의 양생이고, 또 하나는 처세상의 양생으로써 이 두 가지 면을 잊어서는 안 된다는 것이다.

노장이 주장하는 양생은 이러한 점을 특색으로 하고 있으며, 넓은 의미의 양생은 오늘을 살아가고 있는 우리에게도 뜻깊게 음미할 말이다.

이상과 같이 노장의 양생법에 대해 설명해 보았다. 이를 근간으로 하고 있는 도교道敎와의 관계에 대해 살펴보기로 한다.

도교와의 관계

도교道敎는 누구나 다 아는 바와 같이 오늘날까지도 중국 민중 속에 일대의 세력을 펼치고 있는 민속 종교다. 그들이 경전으로서 숭상하고 있는 『태상감응편太上感應篇』을 보면,

'화복禍福은 문門이 없으며 사람들이 스스로 불러들이는 것.'

'선악지보善惡之報는 그림자를 따르는 것과 같다.'

'불창인지단不彰人之短하고 불현기장不衒己長하라.'

라는 사상을 바탕으로 하여 일상적인 윤리의 상도常道를 설하는 내용이 많다.

『음즐문陰騭文』 역시 그들의 경전인데, 여기에도

'산에 올라 금조禽鳥를 잡지 말라. 물에 가서 어아魚蛾를 독살치 말라. 사람이 재財를 꾀하지 말며, 남의 기능을 시기하지 말라.'

고 하여 중선衆善을 봉행하면 반드시

'가까운 보답은 자기에게 있고 먼 보답은 자손에게 있다.'

고 가르치고 있어서 노장의 양생법과는 아무런 관계가 없는 것처럼 보이지만, 그 기원을 더듬어 보면 내용은 노자의 양생법과 상당히 연관되어 있음을 엿볼 수 있다.

원래 도교는 중국의 오랜 시대에 걸쳐 신선가神仙家에서 전래해 온 토속 종교로 후한後漢의 순제 때 장도릉張道陵이라는 사람이 곡명산에 들어가 장생불사長生不死의 도를 닦고 하늘의 계시로 도서道書 24권을 저술한 데서 그 기원을 찾고 있다.

입문자는 모두 쌀 5말을 바치게 되어 있었으므로 처음에는 이 도를 '오두미도五斗米道'라고 불렀다.

한편 이 도를 믿거나 병에 든 사람이라도 부수符水를 마시면 당장 쾌유한다고 한다. 아무래도 장수식재長壽息災를 얻는 것이 가르침의 안목이었으므로 노자의 '장생구시長生久視의 도' 즉, 죽어서 사라지지 않는 자는 장수한다는 등의 말을 제멋대로 해석하여 그 도를 펼치는 수단으로 삼았던 것이다.

사실 장도릉은 가르침의 경전으로서 문인들에게 항상 『노자』를 외우도록 했다.

장도릉은 나중에 장천사張天師라는 이름으로 불리우며 존경받고 있는데, 실제로 도교를 종교로서 성립시킨 것은 동한東漢의 위백양魏伯陽이나 진 나라 갈홍葛洪이라고 한다.

위백양에 대해서는 잘 알려지지 않았지만, 그의 저서 『주역참동계周易參同契』 속에는 역시 연명 장수의 법이 많이 설해져 있는데, 특히 금단金丹 복용에 대해 논하고 있다.

한편 갈홍에 대한 전기는 『진서晋書』에도 기록되어 있다. 그의 저서인 『포박자抱朴子』의 내편內篇 20편은 신선술에 관한 내용인데, 그 중에서 태식胎息이라 하여 호흡 조절법을 설하기도 하고, 방중房中이라 하여 남녀男女의 도를 설하기도 하고, 이밖에 또 복약을 설명하고 있는데 상약上藥은 금단金丹, 오지五芝, 옥례玉禮, 웅공雄貢, 자황雌黃 등을 복용하면 득선得仙하며, 중약中藥은 성性을 기르는 것, 하약下藥은 질병을 없애는 것이라고 설명한다.

그리고 이 양생의 도는 노자의 '장생구시'의 설이나 장자의 학學으로부터 이끌어 낸 것이라고 말하고 있다.

이상, 두 사람 외에 도교를 사회적으로 부흥시킨 사람으로 북위北魏의 구겸지寇謙之를 든다. 겸지는 복식역년服餌歷年하여 젊었을 때부터 선술仙術을 배웠는데, 깊은 산에 들어가서 수행할 때 태상노군[太上老君 : 노자]이 하늘에서 내려와 겸지의 열성적인 수행 태도를 보고 감탄하여 복기도인服氣導引의 비법을 전수하고 마침내 천사天師라는 지위를 수여했다는 것이다.

그래서 북위의 태무제太武帝는 도교의 신자가 되어 스스로 태평진군太平眞君이라 부르고 종래의 불교를 없앴다. 도교가 융성한 시기는 이때부터다.

이들 세 선구자는 모두가 한결같이 복이연명服餌延命을 표방하여 도교의 확장에 힘썼다. 그때의 모습은 요즘의 신흥종교가 걷는 길과 흡사하지 아니었던가 여겨진다. 노장은 이에 대해 그것은 오직 선전술로 이용한 것에 지나지 않으며 노장의 양생법과는 별로 큰 관계가 없다고 말한다.

장자에 대해서 말할 것이 더 많지만, 여기서는 일단 그치기로 하고 독자 여러분이 앞으로 『장자』의 원문을 읽을 경우, 이 책이 다소나마 참고가 된다면 다행이겠다.

이 책을 펴 내면서

장자莊子, 그는 공자孔子보다 일백 년 후 기원전 4세기에 활약한 중국 고대의 대사상가이다.

공자의 가르침이 오륜오상五倫五常을 중히 여겨 질서 · 신분身分을 고정화한데 대해 장자의 사상은 자유 · 무차별 · 무위자연無爲自然을 기본으로 하고 있다.

2천 3백년 뒤인 오늘날에도 사회 각 분야에서 장자가 더욱 주목 받는 까닭이 여기에 있다. 변화무쌍하기가 용龍과 같다고 일컬어지는 그 천하의 기문奇文을 해설해 놓은 것이 바로 이 책의 주요 내용이다.

난해한 문장을 알기 쉽게 풀이하여 어려운 현대를 살아가는 우리들에게 정신적인 수양과 행동의 규범이 되는 문장을 풀어 감히 독자 앞에 『장자인생론莊子人生論』이라고 제題하여 보았다.

독자 여러분의 심심한 양해를 바란다.

엮은이 씀

장지를 알면 백년을 행복하게 산다

莊子 人生論

2004년 6월 10일 초판인쇄
2014년 12월 10일 중판인쇄

엮은이 | 鄭 再 原
펴낸이 | 홍 철 부
펴낸데 | **문 지 사**

•

등록일 | 1978.8.11(제3-50호)

•

서울특별시 은평구 갈현1동 423-16
영업부 | 02) 386-8451
02) 386-8452
편집부 | 02) 382-0026
팩 스 | 02) 386-8453

값 13,000원

•잘못된 책은 구입하신 곳에서 교환해 드립니다.